正说中国史

大秦帝国与楚汉相争

史海渔夫◎著

中国铁道出版社有限公司
CHINA RAILWAY PUBLISHING HOUSE CO., LTD.

图书在版编目（CIP）数据

大秦帝国与楚汉相争/史海渔夫著.—北京：中国铁道出版社有限公司，2021.3

（正说中国史）

ISBN 978-7-113-27438-2

Ⅰ.①大… Ⅱ.①史… Ⅲ.①中国历史－秦代－通俗读物②楚汉战争－通俗读物 Ⅳ.①K233.09②K234.109

中国版本图书馆CIP数据核字（2020）第233344号

书　　名：大秦帝国与楚汉相争
DAQIN DIGUO YU CHU-HAN XIANGZHENG

作　　者：史海渔夫

责任编辑：陈晓钟　　**读者热线：**（010）51873038
封面设计：闰江文化
责任校对：焦桂荣
责任印制：赵星辰

出版发行：中国铁道出版社有限公司（100054，北京市西城区右安门西街8号）
印　　刷：北京铭成印刷有限公司
版　　次：2021年3月第1版　2021年3月第1次印刷
开　　本：710 mm×1000 mm 1/16　**印张：**14.5　**字数：**201千
书　　号：ISBN 978-7-113-27438-2
定　　价：46.00元

前言

英国著名历史学家阿诺德·约瑟夫·汤因比曾经说过：“一个人如果对历史有深切的感悟，他就一定能从中获得真知，因为历史的经验是最为丰富的一座智慧之库。”

中国是一个有着五千年历史的文明古国，在这源远流长的岁月长河中，历史忠实地记录了中华民族的成功与失败、兴盛与衰退、辉煌与悲怆、交替与更新，也昭示着中华民族的未来。

历史到底能带给我们什么？正如古希腊历史学家波里比阿所言，“历史之特殊功用在于能使人明白某种政策或政见的成败原因”，从而使我们更谨慎、更大胆地面对现实。同时，历史又是一面镜子，通过这面镜子，我们可以察为人之道，悟处世之法。

以上就是本书的写作初衷。

本书主要讲述了大秦帝国与楚汉相争的历史，时间大致从公元前221年秦始皇建立中央集权的统一国家开始，至公元前202年刘邦建立汉朝止。在这二十来年的短暂时光里，秦始皇建郡县，“书同文、车同轨、行同伦”，开疆拓土，为中华民族的大一统建立了不朽的功勋。然而秦的暴政又导致陈胜、吴广揭竿而起。从此天下大乱，项羽、刘邦等人则顺势而起，各展身手，最终经由惨烈的楚汉相争，刘邦笑到了最后，建立起气势磅礴的大汉王朝。

翻开这幅并不算长的历史画卷，你会惊奇地发现，它的丰富、绚烂、多彩远比山谷中的彩蝶、天空变幻的浮云都要精彩亮丽得多。那就让我们沿着历史的长河，从头至尾细细地走上一番。

历史是严肃的，但绝不是无聊的史料堆砌，更不是索然寡味的大事年表。因此，本书大胆摒弃刻板僵硬的行文模式和苍白无力的说教方式，力求以人性解史，以趣味说史。从独特的视角切入，大处着眼，细节着手，在兼顾历史事实的基础上，深入挖掘历史事件背后的玄机，深度剖析历史人物的情感和内心世界，从而给您不一样的阅读感受。

虽然本书在写作上并没有多少“技术”或“理念”方面的创新，语言也谈不上有多么的优美，但其真情实感犹如带着露珠的瓜果，从乡间田地采摘而来，清香扑鼻，能让您在开卷阅读或掩卷沉思时，给您带来不一样的启示……

衷心感谢您对本书的关注，希望本书能对您有所裨益。

目录

第九章　各有各的打算

第十章　彻底撕破脸

第十一章　反攻即将开始

第十二章　最后的悲歌

第一章

第一个吃螃蟹的人

给自己起个独一无二的名号

“名不正，则言不顺”。秦王嬴政得了天下后，第一件事就是给自己起个特别有创意的名号……

公元前221年，在秦王嬴政的领导下，秦国经过十多年的战争，先后消灭了韩、赵、魏、楚、燕、齐六国，建立了我国历史上第一个统一的王朝——秦朝。

这一年，秦王嬴政三十九岁。

从十三岁即位（前247年）成为秦国之王，到“六王毕、四海一”，自己居然还不满四十岁！

嬴政心里很得意。他扳着手指头算了一下，觉得自古以来，没有哪朝哪代的王能和自己的功绩相比，就算是传说中的三皇五帝，恐怕也差点意思，因为他们不过是部落或部落联盟的首领而已，岂能和自己泱泱一个大国之君相比？！

中国人自古就讲究个“名声”，所谓“名不正，则言不顺”。因此嬴政认为，扫平六国后的第一要务就是要给自己“正名”。于是他给丞相、御史等人下了一道谕令说：“天下大定，今名号不更，无以称成功、传后世。其议帝号。”

丞相王绾（wǎn）、御史大夫冯劫、廷尉李斯等人也认为，秦王嬴政“兴义兵、诛残贼、平定天下”，功绩“自上古以来未尝有，五帝所不及”。如果还是叫“秦王”，至多跟周王处于同一个级别，这怎能与他“德兼三皇、功过五帝”的历史地位相般配？因此必须得改个称号。

可说起来容易做起来难，三人搜肠刮肚想了半天，翻了无数古籍，方才想出一个名字——“泰皇”。

他们的理由看起来也很“充分”。因为此前人主的最高称号，一曰王，二曰帝，三曰后（繁体字非“後”，本字即为“后”。《尔雅》对其解释为“后者，君也”。成为帝王妻子的专用名称则是若干年后的事）。具体来说，夏代称后（比如后启、后羿），商代称帝（比如纣王又叫帝辛），周代称王（比如周文王、周武王）。现在，夏商周都已是明日黄花，后也好，帝也好，王也好，岂能再用？那么有没有更高级的称号呢？当然有，那就是皇。三皇之后是五帝，五帝之后是三王，三王之后是五霸。五霸低于三王，三王低于五帝，五帝低于三皇。由此可见，皇是最高级；而三皇中，泰皇又最尊贵。以此为号，嬴政应该满意。

可惜，嬴政并不满意。不满意的原因，很可能是他对一切旧东西都嗤之以鼻。在嬴政看来，他的事业是开天辟地，前无古人的。制定名号，岂能一点想象力和创造性都没有？

好吧，既然这帮家伙这么没用，嬴政决定自己来。

嬴政的办法简单而粗暴。

他想，既然传说中的三皇五帝那么受人崇拜，我的功劳应该是他们的总和吧！那干脆把他们的名号综合起来，叫“皇帝”得了。

为了让自己打下来的江山世世代代传下去，嬴政自称“始皇帝”（后世称之秦始皇），并规定自己死后皇位传给子孙时，后继者沿称二世皇帝、三世皇帝，以此延续下去以至万世，“传之无穷”。然而他这个“始皇帝”只传到第二代，其帝国就一命呜呼了。

秦虽二世而亡，但皇帝这个称谓却延续了两千多年，再没有一个人主张更改。

那么，是后世的统治者不注重名号或者缺少秦始皇的智慧吗？

当然不是！是没有必要。

原因很简单。

当秦国由天下之一国变成了唯一的国，当嬴政由秦王一跃成为皇帝后，无论这个国家叫什么名字，它都已经成了一个帝国。既然后来的汉、晋、隋、唐、宋、元、明、清等都坚持帝国制度，那他们的元首自然都叫皇帝，谁都不会更改。除非他们不再坚持皇帝享有至高无上地位的帝国制度。

这，有可能吗？

没可能。因为这时的皇帝与帝国已融为一体，并成为后世中国人的整体认知。要真正改变它，何其艰难！

名号既已搞定，接下来的事情也就顺理成章了。

皇帝既然是前所未有、独一无二的名号，那么皇帝的自称也要有点创意。以前周天子或诸侯通常以“孤”或“寡”来自称，意为“少德之人”。秦始皇觉得这些自称虽然含有点谦虚的意思在内，但也实在太难听——才一登基，怎么就成“孤寡老人了”？太不吉利了！因此自称“朕”。

“朕”这个字并非秦始皇首创，早已有之，它是“我”的意思，从前不论贵贱谁都能用。但自秦始皇开始，它的使用权就只属于皇帝了。

秦始皇还规定，以后自己下达命令，叫作“制”或“诏”；臣子上书，叫作“奏”。上奏文件中，凡是遇到“始皇帝”或“皇帝”一词，就要另起一行，顶格书写。为什么呢？因为古人行文是竖着写，岂能容许别的字压在“皇帝”二字头上？

皇帝的名字也不能再提了。比如秦始皇为嬴姓，赵氏，名政，又名赵政，因此，别说你的名字中含有“政”字了，就是叫“正”的地名都得改。如果不改，那就只能“留名不留头”了。

秦始皇规定的避讳制度也沿用了两千多年，而且越演越烈。不仅皇帝的姓名要避讳，后来还扩大至皇后及皇帝父祖的名字、皇帝的字、前代年号、帝后谥号、皇帝陵名、皇帝生肖等等。比如，汉高祖刘邦的皇后（也就是吕后）姓吕名雉，臣子们每每遇到“雉”字时就要改称野鸡。

“幸运”的是，那时的中国人很少，倘若像今天一样有个十几亿人，而皇帝皇后们偏偏又喜欢以“伟”“强”“芳”“梅”等来命名，那不知道有多少民间百姓会哭死过去。

在政治制度上“玩”出许多新花样

为了加强自己的统治，秦始皇虚实结合，“玩”出了许多新花样……

搞定名号后，秦始皇下一步就是要加固皇权的合法性，并建立运转有效的国家机构。

秦始皇是个聪明人，他知道名号固然重要，但毕竟不能天天拿它当饭吃，还得拿出一些干货才行。

第一步，重新修正意识形态，也就是为权力的合法性找到天赐依据。

秦始皇的办法是推崇阴阳家邹衍创立的“五德始终说”。所谓“五德”也就是金木火水土。该学说认为五德周而复始，循环运转，可用来解释王朝的兴衰更替。

当时民间恰好又有这一传说：早年秦文公外出打猎时，曾经捕获过一条黑色的龙，而这正是五行之中水德的象征。因此，秦始皇认为，周朝是火德，循环下来就是秦之水德，为此他下令把黄河改名叫“德水”。寓意黄河不干，水运就长久，国运自然也长久。

而在五行中水德对应的标志颜色是黑色。所以，从春秋战国时的秦国开始一直到秦始皇兼并天下，秦帝国无论衣服、仪仗还是旗帜等，都崇尚黑色。

还有，按照古人的方位观念，上、下、东、南、西、北为六大方位。秦始皇认为，大秦帝国既然是无所不包，那就要崇尚数字“六”，帽子高六寸、车子长六尺、拉车的马要六匹等。

当然，秦始皇搞这一套，并非为了图个吉利或是为了搞笑，真实用意就是为了加固皇权的“合法性”，让你敬畏、让你服——知否？他的权力来源于天命。

至于具体的统治，光玩这套虚的理论当然不够，秦始皇的第二步是建立完备的中央机构和官僚体系。

秦始皇以战国时期秦国原有的官职作为基础，经过调整和补充，形成了一套全新的政治体系。这个体系的最大特点就是“分权”，比如在中央，秦帝国设置左右两个丞相，以及掌握军队的太尉和掌握图籍监察百官的御史大夫。这其中太尉大多属于临时机构，并不常设，其军队的指挥权，大多情况都由皇帝直接掌控。在丞相、太尉、御史大夫之下，是分别掌握各种具体事务的诸卿，其中掌管宫门军队的是卫尉，掌管京城警卫的是中尉，掌管刑狱的是廷尉，掌管谷货的是治粟内史。秦王朝的这套体制，就是后来西汉“三公九卿制”的政治雏形。

当然，“三公”是真，而“九卿”之“九”不过是言其多而已，实际数量并非只有九个，它们主要分管其他事务。

此外还养了大批博士，专门议政，目的也是为了分丞相之权。

以现在的标准看，这些朝廷要员的总数并不多。那时候的全国地域已经不小了，交通、通信和办公等设备并不发达，这样少的官员就能管理得过来，很令人吃惊。

第三步，在地方机构上，开后世两千多年之先河，实行“郡县制”。

兼并六国后，百废待兴，摆在秦始皇面前的问题千头万绪，令他很头疼。怎样建立一个集权的政权以实现在政治上的高度统一？如何才能使大秦江山千秋万代？秦始皇决定将这些问题交给大臣们在朝堂上讨论，希望他们能替他想出好的解决措施。

丞相王绾第一个表达了自己的意见：像周朝那样实行分封制。他的理由看似也很充分：“正是因为周文王当初封国立藩，实行分封制，才保得周朝八百年的基业。如今我新朝初建，局势尚未完全稳定，尤其是燕、齐、楚等偏远之地，民风剽悍，如不封王镇守，实难管理。所以请陛下分封诸皇子为王，率大军镇守各要地，以实现对这些地区的管理。”

王绾的说法不无道理。此时天下初定，人心不服。六国的残余势力还在，又“天高皇帝远”，谁能保证不会动乱？稳妥的办法，自然是仿效西周“封建亲戚”，为新政权镇住地头蛇，筑起防火墙。因此王绾话音一落，便得到了绝大部分大臣的赞同。

听了王绾的一番话，秦始皇陷入沉思。其实在这之前，他就对如何治理这个庞大的国家，做了一番深入思考。

秦始皇认为，春秋战国之乱的出现，根源就在于周朝的分封制。虽然当初周朝的分封制确实加强了君主对封地人民的统治，但是到了后来，各地封王实力大增，形成尾大不掉的局面。各分封诸王不再受君主的约束，他们为了自己的利益，大肆发动战争，封地内的百姓因此难以得到安宁。如今天下刚刚安定统一，如果他再学周文王分封诸皇子，无疑会埋下祸乱根源。因此，他个人并不同意王绾的主张。

但由于兹事体大，加之秦始皇虽然反对分封制，然而心里也没有成熟的主张，因此他希望能听到一些与王绾不同的意见。

这时候廷尉李斯站了出来。

李斯是战国末期楚国上蔡（今河南上蔡）人，因劝说秦王嬴政灭诸侯、成帝业，被任为长史。嬴政十年（前237年），由于韩人间谍郑国入秦作乱，嬴政下令驱逐六国客卿。李斯上《谏逐客书》阻止，被嬴政所采纳，不久官至廷尉。在秦国灭六国的事业中，李斯起了较大作用（相关内容详见拙著《群雄逐鹿的春秋战国》）。

秦始皇一向认可李斯的才华，见他有话要说，高兴地点点头示意他赶紧说。

李斯清了清嗓子，用庄重的语气说道：“陛下为了社稷和天下苍生，夙兴夜寐，操碎了心。令臣等深感佩服，也让臣等自叹不如。当然，这也是江山社稷之幸、黎民百姓之幸……”

秦始皇有些不耐烦地挥挥手说：“爱卿，请直说重点。”

李斯一愣，心想，只要做了官，不都得这样说话吗？今天皇上怎么不按规矩出牌呢？看来事情确实重要。于是他也就废话少说，直接端出了自己的观点：“丞相王绾等人的建议不可取，因为一旦采纳就意味着回到西周，回到邦国制度。然而从商鞅变法开始，秦国的所有努力，都是在改革那个制度。唯其如此，秦国才能在激烈的竞争中脱颖而出。如果重演西周故事，岂非辛辛苦苦几代人，一夜回到从前？”

李斯接着又说：“搞郡县制，把全国分为郡和县。对各位皇子和有功之臣，给予奖赏，但让他们只有钱没有势力，以便控制。这样一来，谁也不敢对朝廷有其他想法，国家自然就能长治久安，皇帝自然也就永远是皇帝了。”

李斯所说的“郡县制”，引起了秦始皇强烈的兴趣。在他心中，李斯实属不可多得的人才，有经天纬地的才华。他知道，这些年来，身出法家的李斯为秦国出谋划策，贡献颇多。多亏李斯在身边辅佐，自己才得以完成兼并六国的霸业。于是，他面带笑容地对李斯道：“爱卿所说的‘郡县制’，倒不失为一个好主意，只是不知这‘郡县制’如何实施，还请李爱卿向朕和诸位卿家详细说明。”

皇帝的首肯，就像冬日的一抹暖阳照进了李斯的心里。他面色绯红地侃侃而谈，将心中思考多日的郡县制度一股脑地说与皇帝和众大臣。

听着李斯的讲解，秦始皇时而颔首，时而蹙眉思考。众大臣也都被他的这一套理论深深吸引，屏气凝神，仔细聆听。

“郡县制”其实并非李斯首创，早在商鞅变法时期，为了国家安全，亦因战备需要，战国七雄就纷纷在边关重镇设立了郡县。只是那时候的郡县制，与李斯所设想的郡县制度稍有不同。李斯在吸收前人经验的基础上加以创新，提出了自己有关“郡县制”的独特设想。

经过李斯的讲解，秦始皇认识到，实行“郡县制”，有利于政治的安定和经济的发展，因此对于李斯的这一主张，他表示坚决支持。

说干就干，根据李斯的设想，秦始皇很快就将郡县制度在全国实施开来。其基本内容有以下几个方面：

其一，考虑到秦国疆域辽阔，将天下分为河东、南阳、九江、会稽、颍川、泗水、渔阳、汉中、巴郡、蜀郡、黔中等三十六个郡，以方便治理。

其二，各郡设有郡守、郡尉等官职。郡守为一郡最高长官，总揽一郡各项事务；郡尉掌管一郡军队及司法权力。

其三，郡的下一级行政机构设为县，县的下面设有乡、亭、里等基层组织。

其四，为加强中央集权统治，使中央政令得以顺畅执行，郡守、郡尉等官职均由皇帝直接任命，不能世袭。

“郡县制”确立后，为了加强对地方政权的控制，秦始皇还对郡县实行考核和监察。规定郡守每年秋冬向中央朝廷申报一年的治理状况，县丞同样也要向郡守上报其治理情况，中央或郡在这时对其下属进行考核，有功者可受奖赏或升迁，有过者轻则贬，重则免官、服刑。和考核相辅而行的是监察，中央派郡监以监郡，郡同样也派监察人员以监县或乡。通过这种自上而下的层层监督，中央政令能较为顺利地贯彻到最基层，基本保证了政令的畅通。

“郡县制”的实行，对初生的大秦帝国，其重要性不言而喻。秦始皇通过这一制度，大大巩固和稳定了秦朝的中央集权统治。通过官僚体制的运作，国家权力可以自上而下延伸到社会的最底层，一切均以最高统治者的意志为准绳。中央和地方的主要官吏由君主直接任免，避免了贵族阶层对官职的垄断，有利于君主选拔人才。“郡县制”不仅大大加强了君主手中的权力，并且有效避免了战争的发生。

秦朝的“郡县制”，是中国两千多年专制社会官僚体制的开端，它奠定了中国地方政治行政体系的基础，同时也构建了中央集权式王朝的基本框架，对中华民族的影响异常深远。

功德无量的大一统

完备的国家机构建立后，踌躇满志的秦始皇，开始了他的统一大业……

“郡县制”的推行并非一帆风顺，它遭到了以丞相王绾为首的一帮老臣的抵制，但在秦始皇的支持下，实行起来还算顺畅。

眼看着新帝国逐渐步入正轨，一手推动“郡县制”的李斯露出了一丝欣慰的笑容。但是，他并没有因此而满足。在李斯心中，他已经为帝国构建了更为宏伟的设想。

一天，正忙于政务的李斯忽然被秦始皇召见。待他一进入咸阳宫，还没行完君臣大礼，秦始皇就着急忙慌地说道：“天下刚刚平定，朕所烦忧之事甚多。此次召爱卿进宫，一来是让爱卿陪朕聊聊天。二来呢，朕想知道，爱卿怎么看待朕这些年来的表现？”

李斯似乎早有准备，待秦始皇说完，便立即在左手心写了个字伸到秦始皇面前。

秦始皇一看，原来是个“一”字，便有些纳闷地问道：“爱卿此举何意？”

李斯狡黠地笑了笑，向秦始皇侃侃奏道：“古人云，一生二，二生三，三生万物。其意为，一为万物之始，无一则无以至天下。一，看似微不足道，实则意义非凡，彻悟一道而可贯万机，就是这个道理。今陛下一统寰宇，一主天下，开创了古人从未有过的伟业，陛下实为亘古以来的第一人也。”

秦始皇心里乐开了花，但仍然谦虚地笑着说：“朕能横扫六合，问鼎中原，多亏有爱卿这样的贤臣辅佐，才有此成就，今后还得继续仰仗爱卿的辅佐啊！”

李斯赶紧起身施礼答道：“陛下之言，令臣汗颜。忠心辅佐陛下，自是臣的职责所在。”

“爱卿真乃朕的股肱之臣也！”秦始皇似乎对李斯的表态很满意，欠了欠身子继续说道：“现在天下初定，不知爱卿可有什么安邦定国之良策？”

李斯见秦始皇主动提及，知道进言时机已到，于是清理下嗓子，高声向秦始皇道：“臣斗胆以为，陛下若想大定天下，仍需从‘一’做起。”

“哦，此话怎讲？”

“禀陛下，想当初七国分治期间，各国法令不一，货币、文字各异，度量衡也大不一样。今天下虽已归我大秦，但此等遗留问题，却令天下黎民百姓深受其累。若不解决，将严重影响我大秦的稳定发展。臣以为，当今第一要务乃迅速采取措施，在全国范围内，统一法令、币制、度量衡，书同文，车同轨。如此方可万众归心，我大秦也才会长治久安。”李斯一口气将内心酝酿已久的想法和盘托出，他企盼这些建议能得到秦始皇的认可。

李斯的愿望达成了，秦始皇很快采纳了他的建议，在全国范围内推行了一系列的统一工作。

首先是统一文字。

中国古代，有文字记载的历史始自商朝，当时所用文字为甲骨文，此后逐渐普及开来。到春秋战国时期，文字已经从甲骨文进化到金文。

这种金文，形制华美，但各诸侯国在使用时，加入了许多本国的特色，使得“语言异声，文字异形”。因此，当时的赵国人认不出齐国的文字，齐国人也认不出赵国的字。

在七国纷争期间，这些自然不算什么，但秦国一统天下后，这事就显得比较麻烦，大家各自说方言也就算了，可是皇帝的诏书发到一些地方，比如南边的桂林郡，当地官员不认识，那还怎么工作？秦始皇觉得这是大问题，就交代李斯他们来做统一文字的工作。

秦本西周故地，通行的是籀（zhòu）文，也叫大篆。大篆笔画繁多，不利读和书写。李斯等人领命后，废除异体字，推行简化字。将大篆简化为小篆，也叫秦篆。

后来，随着文字改革的进一步推进，出现了更简单的字体“隶书”。这种新文字的创始人，是一位名叫程邈的小吏。他因犯罪被判刑十年，待在监狱里没事就琢磨文字演变，大有成就。秦始皇认为他太有才了，不但将他释放，还将其提拔为御史。

程邈把篆字笔画转折处的圆弧形，全部改为直角转折，成为后世“方块字”的起源。从此，中国主体文字就变得横平竖直、方方正正，与世界上绝大多数文字的曲里拐弯分道扬镳。

由于秦时实行严刑峻法，监狱断案这类事特别多，导致官狱文书工作繁重。程邈发明的新字体，因为易写，深受当时抄写文书的“徒隶”（也就是狱卒）的欢迎，一下子流行开来，后世因之将这种字体命名为“隶书”。到汉朝，隶书已上升为主流字体。

秦始皇对文字的改革，其意义怎么评价都不为过。因为这一举措，不但普及了文化，也延续了文明。事实上，中华文明之所以不中断，文字的作用居功至伟。从甲骨文到金文，从周篆到秦篆，从篆书到隶书，一脉相承。于是商文化延续为周文化，周文化延续为秦文化，秦文化延续为汉文化。承上启下的，正是秦始皇的“书同文”。

书同文的结果，是一个伟大民族也就是汉族的诞生。汉族虽然得名自汉代，但其实它的形成开始于秦。实际上，如果不是因为秦帝国过于短命，而东西汉又长达四百多年，或许我们今天所说的汉语、汉字、汉族、汉人，是应该叫作秦语、秦字、秦族、秦人的。

其次是统一度量衡。

度量衡是指日常生活中用于计量长短、容积、轻重的统称。

战国时，七国各自为政，度量衡各不相同，国与国之间的交易要经过复杂的换算，算得人直发晕，而且还极其不方便。

秦并天下后，秦始皇用商鞅变法时制定的度量衡标准，来统一全国的度量衡。公元前 221 年，秦始皇颁布了统一度量衡的诏书，还用法律规定了度量衡器误差的允许范围。秦始皇的这一整顿，大大方便了百姓的生活，促进了商贸的发展。

秦始皇还规定，六尺为步，二百四十步为一亩，这个算法后来也延续了千年，大致不变。

第三是统一货币。

战国时期各国的货币五花八门。简略地说，大体上是周、赵、魏、韩通行布币，燕和齐通行刀币，楚通行铜贝和金币，秦通行圜钱。而且即便同为刀币或布币，形制和重量也不一样。

这些钱币，对钱币收藏者来说是福音，但在日常生活中应用起来却极为不便。秦始皇也看到了这种弊端，天下初定后，他便下令废除秦以外六国的刀、布等货币，统一以“秦半两”圆铜钱作为法定货币，与黄金并用，还规定珠、玉等物只作器饰珍藏，不能充作货币。

从此，铜制的方孔圆钱作为主流钱币，在我国流行了两千多年，直到清末才退出货币体系。

第四是统一车轨。

在秦始皇统一中原之前，各国的车辆向来是没有统一规定的，各地的车辆大小都不一样，因此车道也有宽有窄。国家统一了，车辆要在不同的车道上行走，多不方便。因此，秦始皇规定车辆上两个轮子的距离一律改为六尺，使车轮的轨道相同。这样，全国各地车辆往来就方便了。这叫作“车同轨”。

“车同轨”无妨看作是对秦朝工业“标准化”的一个概括，秦王朝在工业生产领域内广泛推行标准化生产，可以说是为近现代工业生产标准化开了先河。

第五是“行同伦”。

行同伦是指人们的日常行为要遵从统一的道德与规范。秦始皇在许多重要场合及众多的巡游刻石中反复强调“以法为教”“禁止淫佚”，以法律的形式矫正人心，改造陋俗，这在中国历史上也还是第一次。

秦始皇实行的“书同文、车同轨、行同伦”等政策，有效克服了在一个疆域广大的国家内，各地区、各民族之间进行政治、经济、文化交流的障碍，促进了中华民族共同体的形成，在中华民族的发展史上具有划时代的重要意义，奠定了此后两千多年中国历史发展的基本格局。从这个意义上来说，秦始皇被后人誉为“千古一帝”，是有其根据的。

值得永世"点赞"的伟大壮举

人们常说，我们伟大的祖国地大物博。这其中，有秦始皇很大一份功劳……

一切真正伟大的帝王从来就不是一个只知道守着自己"一亩三分地"的人。秦始皇如果仅仅是统一了六国，那他只是优秀，要想伟大，就得在统一六国外，还要进一步巩固政权，开疆拓土。

幸好，秦始皇走在了通往伟大的路上。

为了巩固政权，使百姓安居乐业，秦始皇挥师北上，剑指匈奴。

匈奴是我国北方的一个古老民族，他们主要以游牧为生，随水草迁徙，没有农业和城池，注重骑马和射猎，他们没有文字。

战国晚期，随着匈奴内部合并，匈奴人由一盘散沙逐渐统一起来，实力大大增强，但此时的匈奴还不敢与中原各国为敌，因此，当时燕、赵、秦诸国北方边境还算相对稳定，没有与匈奴发生大规模的冲突。

这一方面是因为中原各国实力强大，匈奴人不敢轻易挑衅。另一方面也是因为匈奴所处地势险恶，他们西临大月氏，东接东胡，南与中原为邻，三面都有强敌存在，因而不敢轻举妄动。

随着中原混战的开始，燕、赵、秦等国各自忙于征战，无暇北顾，匈奴人于是乘机不断骚扰北方各国边境。在秦始皇统一中原的同时，匈奴军队也跨过黄河，占领了河套以南的大片土地，即当时人们所谓的"河南地"。

匈奴的存在，始终是新兴秦帝国的心腹之患。秦始皇是位有雄心的帝王，他早有征伐匈奴之意。公元前221年，也就是秦始皇刚刚统一六国之时，他就有意趁热打铁，一举收服匈奴，只是一方面因为李斯等大臣的坚决反对，另一方面，秦始皇也考虑到中原刚刚统一，百废待兴，稳定中原局势显然比贸然进攻北方更为重要，北击匈奴的事才因此被搁置下来。

不过秦始皇也并没有放松对匈奴的警惕，而是采取了积极防御的策略，命蒙恬、王离（战国末期名将王翦的孙子）等大将加强对北边的屯戍。

经过几年的准备之后，秦始皇亲自从东到西视察了整个北方边区，确定了大举进攻夺取河套地区南部战略要地的方针。在这一年，秦始皇派大将蒙恬率兵三十万北击匈奴，蒙恬采用集中兵力、速战速决的作战方法，很快收复了“河南地”和榆中。这一场大战迫使匈奴向北退避七百多里，十多年不敢南下掳掠，基本上解除了匈奴对秦帝国的威胁。

秦帝国一方面在这些地区设置众多县，实行有效的行政管理，另一方面还大量迁徙刑徒，并鼓励一般民众移居边地。

公元前214年，蒙恬率军渡过黄河，继续向北进击匈奴，占领了阴山山脉的西段狼山及其山南的广阔平原，并设置九原郡统辖这一地区。

秦朝反击匈奴的胜利，是匈奴有史以来所遭受的第一次沉重打击，为河套地区的广大人民带来了很长时间的安定生活。

抗击匈奴的战争结束后，秦始皇还下令把原来秦国、赵国和燕国北边原有的长城连接起来，以防止北方匈奴的南侵。

西南各族人民和中原内地有着长期的交往，在秦统一中原之后，秦始皇派将军常頞（è）开拓西南。由于交通不便，常頞率众开凿了一条从今四川宜宾通往云南滇池一带的栈道，因路宽五尺，故名五尺道。

五尺道开通后，大秦的势力直接抵达且兰（今贵州都匀、福泉、黄平、贵定一带）、夜郎（一般认为在今贵州的南盘江和北盘江一带）、邛都（今四川西昌一带）以及今日云南昆明等地，并在这里设置郡县，建立了行政机构。从此，西南少数民族地区不仅密切了与中原内地的关系，而且成为统一多民族国家的一部分。

大体上，秦朝疆域东、南到海，西到今甘肃、四川，西南至今云南、广西，北到阴山，东北迤至辽东。

第二章

荒唐而罪恶的晚年

岂止是为了奢侈享受

功成名就后，正处盛年的秦始皇，提前开启了老年的享乐生活……

随着国内的安定和外患的减少，加之秦始皇认为自己已经进入晚年了，因此应该开启人生的最后一个阶段——享乐。

其实这时的秦始皇并不老——终其一生也就四十九岁的寿命，岂能言老?

当然，如果条件允许、自己愿意，在壮年时期就开始过安逸的老年生活，别人也无可厚非。秦始皇也有这个权利。

可惜秦始皇不是一个普通人。

一个人的权力越大，欲望似乎也会成倍增长。坐在金字塔顶端的秦始皇当然不愿意让自己的晚年像普通老人那样安闲，他必然要让它丰富多彩。

旅行是一定少不了的。当然，在秦始皇那里，则叫巡游或巡视。

秦始皇绝对是个高端旅行家，也可以说是中国古代级别最高、跑路最长的旅行家了。从称帝时起，到最后死在巡游途中，他一共进行了五次大巡游，总耗时占皇帝生涯的一半还多。

秦始皇的出巡，其派头也非一般人可比。根据史书的记载，其情形大致如下：浩荡的车队中，前五十对车是鼓车，上有鲸皮大鼓。出行时，百面大鼓齐擂，震天动地。后面是卫士执戈，肃立车上，再往后是执戟骑兵。等前卫队过完了，才是核心部分。先过的是开道的“辟恶车”，由警卫司令“太仆令”亲执弓箭，观察四方，警示恶人。然后是护驾的“警跸车”，上立威风凛凛虎贲勇士，再后面是五百名轻骑两百名刀斧手，簇拥着始皇帝的豪华龙车。后面还跟着一辆专供睡觉用的辒（wēn）

辌（liáng）车。再往后是从属之车，载着嫔妃、近侍、文武大臣。仅从属之车就有八十一乘，取九九之数，车队源源不断有五里之长。

这样排场的出巡，如果放在今天，一定会被收入吉尼斯世界纪录，从而为秦始皇再赢得一个“第一”。

秦始皇的第一次出游是在他统一六国后的第二年，也就是公元前220年。他带着一大帮人跑到陇西、北地（其地域大致在今陕西、甘肃、宁夏一带），然后到鸡头山（今甘肃镇原境内），兜了一圈才回去。

秦始皇从来都不愿做个默默无闻的人，每到一处，他都让人立块石碑，上面写一些文字，他绝不会简单地刻个“嬴政到此一游”就完事，而是要把他的功德细致地描述一番，然后再回去。

经过这次出巡，秦始皇觉得祖国的大好河山真不错，但交通实在不方便。虽然他坐着全国最豪华的座驾，可一路狂奔，但路况太差，颠簸得很厉害。于是，他下令在全国各地修筑驰道。

驰道以秦的都城咸阳为中心向各地辐射，东至燕齐（今京津地区及山东），南达吴、楚（今江苏与两湖地区），北抵九原（今内蒙古包头西北），西通陇西（今甘肃临洮），形成较为完整的交通网络。驰道宽五十步，两旁种有树。

驰道修成之后，极大地方便了整个国家的陆路交通。驰道的建成大大便利了秦始皇的出游。不过游来游去他又烦了，觉得应该“玩”出个新意来，“玩”出个只有皇帝才能玩的创意来。

于是，他决定趁自己还活着，给自己修一座死后的住房，这就是后世的秦始皇陵。

秦始皇陵地处芷阳（今陕西西安）一带，占地56平方公里，其坟头经过两千年的风雨侵蚀，至今仍有46米高，屹立于临潼之南，与骊山并立。据考证，当年的高度竟有120米，完全靠人工堆成。

1974年，在骊山脚下打井的当地农民无意中发现了这座巨大的地宫。后来在主陵园和旁边的各个陪葬坑里，挖掘出的陪葬品更令人眼花缭乱，胆战心惊。除了各种价值连城的宝物和各种珍贵奇异的禽兽外，最令人叹为观止的无疑是享誉国内外的兵马俑。最早发现的一号俑坑中就有兵马俑八千多件，青铜兵器多达数万件。这支地下军队的出土惊爆了世人的眼睛，当时媒体纷纷对此直呼“世界第八大奇迹”。

而挖出这些文物的坑，不过是秦始皇陵外围的一个小小的部分而已。至今，人们对这座宏伟的地宫仍然未能知晓详情。

据说，为防泄密，当年修建地宫的能工巧匠，在秦始皇落葬后全部被封杀在墓中，因此地宫的建制、形状如何，没有片纸资料留存下来。

我们只能从《史记》上的只言片语，想象这个地下世界的宏大——穿凿了三层地下水，用铜汁浇铸成棺椁，将天下奇珍异宝搜罗来，堆积成山；又用水银制作了人造的江河大海。天棚顶上画满天文景象，地面画着地理图案；又用被称作东海人鱼（后人疑为娃娃鱼或鲸）的油脂做灯，长明不熄。

秦始皇陵将秦始皇的奢侈浮华揭露得淋漓尽致。当然，陵墓再好，都是死后用的，活着的秦始皇还得有自己在人世的宫殿，这些宫殿还一点都不能比陵墓差。

秦始皇是一个喜欢豪华建筑的人，在灭六国时，每灭一国，就要把该国的王宫复制下来，在咸阳原样造一个，这大概算是历史上最早的“建筑世博会”了吧！这些宫殿群，规模达到什么程度？史书记载，咸阳一带东西八百里，离宫别馆，连绵不绝。就算是有人“穷年忘归”，走上一年，也不能逐个看遍。

但这些建筑仍不能让秦始皇满足。公元前212年，秦始皇在丰镐（今陕西长安）开始营建空前绝后的超级皇宫——阿房宫。

阿房宫的规模有多大？不好估摸，但其正殿的规模就很吓人，东西宽五百步，南北长五十丈，殿上可同时坐一万人，殿前广场可容纳十万人。

宫殿的四周，回廊环绕，有的回廊从殿前直通南山顶上的宫殿。此外还建了一座天桥，凌空飞架渭水，直达咸阳。在20世纪七八十年代，中国还有很多河流是靠人工小船摆渡来进行交流，可见秦时的架桥技术已经比较先进。

阿房宫的安全设备也是一流的。为防刺客混入，前殿用磁石做门，四夷来朝的使者中，如果有身怀利刃的歹徒，立刻就有机关“咔嚓”一声拦住。

秦始皇把灭六国时抢来的美女、钟鼓乐器，都安置在阿房宫里，以至于“后宫列女万余人，气上冲于天”！

唐代诗人杜牧曾作了一首《阿房宫赋》，把当年盛况想象了一番，根据相关史籍的记载，估计与事实差不太多。开篇的第一段，就气势压人：“六王毕，四海一。蜀山兀，阿房出。覆压三百余里，隔离天日……”

这样巨大的宫殿，施工延续了十年，每年派出的民工多达七十万，而当时秦朝的总人口不过两千万左右，其对人力的滥用可见一斑。后来，这座无与伦比的宫殿（据说并没有完全建成）在项羽入咸阳之后被付诸一炬。

中国有句俗话：“广厦万间，不过夜眠三尺。”那么，秦始皇为什么一定要劳民伤财地建造那样规模的陵墓和宫殿呢？很多人将之归结为秦始皇追求奢侈享受。

这种说法当然没错，但只是一方面。

其实，在秦始皇心里，无论是建造皇陵，还是修筑阿房宫，这一切除了满足他的物质享受外，更重要的还是为了满足他心比天高的气势。

秦始皇陵在秦始皇即位之初便开始修建，这座默默躺卧在地却分明霸气外露的建筑，不过是作为一种象征，在向人们暗示着，在秦始皇的心里，有不甘于人下的气势。

而在秦始皇统一六国后，阿房宫的修筑更说明了一个问题：除了一幢规模更为宏大的建筑外，已经很难再有什么能为始皇的丰功伟绩歌功颂德的了。

换句话说，秦始皇一直在寻找一种奖赏，这种奖赏能向世人表明他功高三皇、德超五帝。而“皇帝”二字已经渐渐不能满足这种需求了，因此秦始皇需要有种惊人、更加轰动的奖赏。阿房宫的出现在很大程度上满足了秦始皇的这种精神需求。

由此可见，秦始皇的奢华并不仅仅是为了满足物质上的享受。同普通人不一样，在天下之主秦始皇心里，物质的享用在很大程度上是为了用来填补强大的精神需求。从这一点我们也可以看出，当远离战争，登上至高无上的皇位后，秦始皇已经渐渐地陷入了空虚的精神泥沼。

久而久之，当宏大的建筑也渐渐满足不了他的精神需求时，秦始皇便陷入了一种更加空虚的地步。这个阶段，奢侈的生活已经远远不能满足他了，因为这一切都在凡世之中。秦始皇开始尝试寻找一种能将自己与凡世的俗人区别开来的事物，为此，他想起了生命的恒久，“不死药”也因此正式进入了他的需求之中。

真的好想长生不老

什么都有了，唯独不能万寿无疆。因此，秦始皇一点都不开心，他真的好想长生不老……

随着年龄的增长和精力体力的下降，秦始皇开始忧心忡忡起来。

他想，这人活着多带劲儿啊！可是，这老天要收你，你就得跟着去，多赖一刻都不行，自己恐怕也躲不过啊……

一想到这儿，秦始皇不禁泪如雨下，很是伤感。

好不容易缓过劲来，秦始皇仍然不开心，每天上朝时都唉声叹气，搞得大臣们大气也不敢出，生怕一不小心惹恼了这个“活阎王”。

这世上有一种人，从古到今都不少，他们别的本事没有，猜主子的心思却非常有心得，一猜一个准。

很快，秦始皇的心思就被一些人准确地猜到了。

这些人就是那些自称有特异功能，或者干脆说自己就是神仙附体的人，时人称之为方士。据说，这些方士的鼻祖是燕国人宋毋忌和羡门子高。二人早在数个世纪前就自称已经掌握了让人成仙的技术以及人老死后尸解升天的不传之秘。

所以，当宋毋忌和羡门子高高调宣称自己是仙界中人后，马上就有一大批信徒跑来拜师学艺，想通过他们让自己长生不老。

据说，当时齐威王、齐宣王、燕昭王都曾为宋毋忌和羡门子高的信徒。他们从国库里拿出大量的钱送给二人，让二人火速进东海，务必找到传说中的仙山——蓬莱、方丈、瀛洲。因为二人此前一直宣扬说，神仙们就住在这三座大山上，离人间也并不遥远，只是因为神仙们不愿意见到凡间的俗人，所以你的船一靠近，就被他们的仙风吹走了。

如果牛皮只吹到这个份上，那二人的财路就断了——既然连神仙的影子都见不着，那这些国君还理他们做什么？

所以宋毋忌和羡门子高二人还得继续吹，说还是有人到过那里的，比如他们二人就有此缘分。不但得见仙颜，还被神仙们亲切接见，并跟他们进行了极其友好的交谈。并且，二人还透露了一个极其重要的信息——这些神仙就跟药农似的，种了很多人吃了可以长生不老的药材。只要能吃上一口，那你便可以长生不老。

最后，二人还神秘兮兮地说，神仙们不像凡间那些有钱的俗人，吝啬得要命，他们都挺大方的，教给了他们让人成仙的法术以及人老死后尸解升天的秘术。

那些国君做梦都想尝尝活得不耐烦都没法死去的滋味，因此对宋毋忌和羡门子高的话深信不疑。结局当然不难猜想，宋毋忌和羡门子高拿了他们的巨额钱财后，从此就人间蒸发了。

不过，就像今人爱说的那句戏谑话一样，“哥虽然不在江湖了，但江湖处处还有哥的传说”，宋毋忌和羡门子高虽然跑得无影无踪了，但有关他们的传说却还在到处流传，修炼他们仙术的人也络绎不绝，到了秦始皇的年代依然如此。

秦始皇多多少少也听到过此类传说，因此他一听到方士们的描述，便迫不及待地要求他们立即教给他长生不老的法术。

方士们卑躬屈膝地告诉秦始皇说：“我等草民学艺不精，法术只是一知半解，怕教得不好误了皇上您的仙缘，但我们有办法帮您老人家找到神仙……”

秦始皇一想，有道理，要是能把神仙请来让我开开眼界，那是多么幸福的一件事啊！当然，即使请不到神仙大人，倘若能从他们那儿得到一粒不死药，那我也知足了。

要求不高的秦始皇决定派这些方士入海，帮他找到神仙，拿回不死药，并且决定由徐福全面负责此事。

徐福，字君房，秦朝著名的方士。据传说，他是战国时期的纵横家鬼谷子先生的关门弟子，自幼跟随鬼谷子学习辟谷、气功、修仙和武术。历经多年的学习，徐福已然成了一个博学多才、通晓医学、天文、航海等知识的能人，又兼此人同情百姓，乐于助人，故在山东东南沿海一带名望颇高。

徐福知识渊博，又对寻仙得道之类的事情颇有研究，加之他多次上书秦始皇，请求出海寻仙，因此被秦始皇授予重任。

徐福是个聪明人。他觉得如果拿到巨额盘缠后，马上就驾着木船出发，这样未免太不严肃认真了，弄不好还会引起秦始皇的怀疑。最好的做法是把事情搞复杂，而且还要有模有样。

于是徐福告诉秦始皇说，需要找一批童男童女，关在一个地方，斋戒清心一段时日之后，方可上船出海。唯有如此，神仙才会批准上山。

秦始皇一听，这有何难？全国这么大，几个童男童女算什么？现在你就负责找人，谁入你的眼你就要谁。

徐福的工作效率很高，没几天工夫就选了三千童男童女，按照前面的方法搞完仪式后，这才浩浩荡荡地上船，出海而去。

令人意外的是，这个神仙搜索船队没几天就回来了。

秦始皇刚一看，开心得像个三岁的孩子。呵呵，以前齐威王等人找不到神仙，那肯定是因为他们不是真命天子，所以神仙们懒得搭理他们。你看，现在我是真命天子，连神仙也会看在老天的份儿上，照顾自己一把。

哪知，徐福却说，风太大了，他们被仙风吹回来了。

秦始皇的脸色立马黑得像包公。

徐福知道如果这张脸继续黑成煤炭，自己的小命恐怕就不保了，于是便说:“我们虽然没有上到仙山,但还是远远地看到了上面的神仙很多,像集市上的人群一样，热闹得很。”

秦始皇选择了相信，说：“好吧，你们继续找。”

但秦始皇没有想到的是，徐福这一去就再也没有回来。

徐福去了哪里呢?

根据司马迁《史记》的记载，徐福再度率众出海东渡后，来到“平原广泽”（后世认为是日本九州岛），他感到当地气候温暖、风光明媚、人民友善，便留在那里自立为王，教当地人农耕、捕鱼、捕鲸和沥纸的方法，从此不再回来了。有人据此认为，日本人的祖先是中国人，他们都是由徐福东渡带去的三千童男童女的后代繁衍而成的。

后世史书对徐福出海一事也都有记载，只是对所到达的地方说法不一。

此外，东亚各国民间关于徐福东渡的传说也有很多。

罄竹难书的“焚书坑儒”

无论秦始皇有多么的伟大，“焚书坑儒”都是他一生永远抹不去的罪恶……

徐福东渡寻仙去了，秦始皇却一点儿也轻松不起来。只要仙药还没有吞到肚里，自己的凡身还没有脱胎换骨成仙体，他就不可能真正放松下来。因为他知道，自己虽然贵为皇帝，却也是抵不住一刀一枪的。

为此，秦始皇采取了许多措施。

他“销兵器”。也就是没收全国各地民间的武器，集中运到咸阳，铸成大钟和铜人；还规定每五户共用一把菜刀，一户出事五家连坐。

他谨慎。他的殿上，绝不允许有人携带武器。

他“善变”。他的住处每天都不一样，谁要是暴露了他的行踪，谁就是死罪。

他滥杀。有一次，他责骂李斯的话被传出宫外。由于查不出泄密的人，便将当时在身边的宫女、宦官和卫士全部杀掉。

设防如此，谨慎如此，秦始皇该坐稳江山了吧？

没有。因为天下偏有不怕死的人，也偏有直言不讳、喜欢唱对台戏的人。

比如淳于越。

淳于越是齐国人，是当时的博士。这里的“博士”并非像今天一样，指拥有博士学位的人，而是负责议论政事和掌管礼仪的官员。始皇时期有七十个，领头的叫“仆射（yè）”。

公元前 213 年，秦始皇在咸阳宫举行国宴，七十位博士集体上前敬酒。作为领班，仆射周青臣自然先站出来唱主旋律，他说：“当年秦地不过千里，赖陛下神灵明圣，平定海内，放逐蛮夷，日月所照，莫不宾服。以诸侯为郡县，人人自安乐，无战争之患，传之万世。自上古不及陛下威德。”把秦始皇夸得就跟太阳和月亮一样，光芒日夜普耀大地。

秦始皇听了周青臣的话，只觉得五体通泰，舒畅至极。

然而淳于越却听不下去了，只觉得浑身起满了鸡皮疙瘩。他一来看不惯周青臣的阿谀奉承，二来对秦始皇的“郡县制”一直心存不满，因此马上站出来不客气地说，殷、周两代之所以能够延续千年，全是因为他们都分封了子弟和功臣的缘故。如今陛下自己当了皇帝，凤子龙孙们却变成了平民。将来一旦国家有事，又有谁会来救难呢？

这当然大煞风景。

何况这时的大秦，成为帝国已经四年。淳于越居然还重提封建，反对郡县，是可忍孰不可忍！群臣们都以为这位不懂事的书呆子就要倒大霉了。

不过这一回，秦始皇却按捺住了火气，没有杀人，他让已经担任丞相的李斯提出意见。

作为郡县制的倡导者和拥护者，李斯自然不认同淳于越的意见，当即对他的言论做出了驳斥："五帝不相复，三代不相袭，各以治，非其相反，时变异也。今陛下创大业，建万世之功，固非愚儒所知。且越言乃三代之事，何足法也？"

意思是说，时代在发展，适合夏商周三代的治国策略已经不适用了。现在，始皇开创大业，建立了万代不朽的功业，这些当然不是那些愚蠢的儒生所能理解的。淳于越说的三朝旧事，又有什么可值得效法的呢？

接着，李斯话锋一转，对包括淳于越等博士在内的儒生们做出了批判，认为他们上朝时在心里诽谤，下朝后在街头乱讲，靠非议皇上出名，以持不同政见为誉，带头制造流言蜚语。长此以往，势必君王威望尽失，民间结党营私，帝国危在旦夕。

那么，该怎么办才能挽救帝国呢？

李斯紧接着给出了自己的方案：焚书。

根据《史记》记载，焚书的范围除官方藏书、秦国国史，以及医药、卜筮、农作之书外，私人所藏文艺、哲学、诸子百家之书全都不能留下。

秦始皇当即批准了李斯的这个建议，并且付诸实施，而且还配套制定了惩罚条例：焚书令下达三十天还没烧书的，黥（qíng）为城旦（额头或脸上刺字，白天守城，晚上筑城，刑期四年）；聚谈诗书的斩首；以古非今的灭族。

在严苛的法令下，一时间，全国各地烈焰腾空而起，诸多先秦典籍和当时的著作就这样被大火吞没，瞬间化为灰烬，徒留后人一声叹息。

有人会问：如果没有淳于越，秦始皇会不会焚书呢？

答案是一样会。

首先，从大的方面来说，我们从焚书的范围和惩罚措施不难看出，焚书的目的，其实是要一次性根除一切议论国事的可能。这当然是不折不扣的文化专制主义。但在秦始皇和李斯那里，则多半自认为理直气壮。因为废分封，行郡县，是一场革命。这场革命关系到大秦帝国的生死存亡，必须进行到底。

其次，从小的方面来说，秦始皇之焚书与长久以来他对儒生的不满有关。通过与儒生的接触，秦始皇对这些迂腐又较真的读书人很是不喜欢，对他们动不动就妄议大政的做派也很是反感；尤其对他们著书立说宣扬自己观点的做法更是深为痛恨。这不难理解，为了专制集权和树立绝对权威，秦始皇当然希望天下人都能唯自己马首是瞻，而不希望听到有异己的声音出现。

因此，某种程度上说，秦始皇之焚书，也是给儒生们一个教训，从侧面告诉他们“饭可以多吃，话不可以乱说”。

不过，单从焚书事件来看，秦始皇对儒生们尚有一丝隐忍之心。他最主要的还是为了钳制言论，而不是从肉体上消灭他们。

然而秦始皇对这些所谓的儒生始终是心怀怨气的，当这种怨气积累到一定程度后，就会如山洪般爆发出来，而且暴发的时间并不需要等待太久。

就在秦始皇焚书后不久，烧书时的快感便消失殆尽，而愤怒则日益填满心胸。愤怒的原因很多，徐福杳无音讯是其中之一。

那小子该不是逃了吧？秦始皇心想。好吧，东边不亮西边亮，我岂能在一棵树上吊死？于是决定重新招人出海寻找仙药。

招聘令一出，应聘的人又是络绎不绝。秦始皇挑来选去，最后看中了能说会道、脑瓜子灵活的方士卢生。卢生想这不小菜一碟嘛，我去海上走一趟就能搞定。不过他又提醒秦始皇，许多人之所以去求仙人奇药而不遇，应该是有什么东西在从中作祟。为了保险起见，他建议秦始皇要隐蔽自己的行踪，以远离鬼怪，这样才能迎来水火不侵的“真人”，求得不死之药。

怕死的秦始皇又被忽悠住了，说：“我仰慕真人。”于是不再自称“朕”，而自称“真人”，还下令将咸阳方圆两百里内的两百多座宫殿，用空中“复道”和带盖子的“甬道”相连，他走到哪里都要严格保密，谁说出去就是死罪。

从此秦始皇成了“宅男”，整天待在咸阳宫，就是偶尔出去也行踪诡秘。原先性格还算开朗的他，在这以后就变得很孤僻了。

再说秦始皇虽然对卢生深信不疑，但卢生心里明白，这不过是哄秦始皇高兴的鬼话罢了。方士毕竟跟博士不一样，不是随便写篇文章鼓吹一下秦始皇的伟大、功德什么的，哄得主子高兴了，没准就能一辈子享尽荣华富贵。方士是必须要拿出长生药来的，而且不灵验的话，立即处死。

问题是，仙药不过是美丽的传说，哪里找得到！

该怎么办呢？

很好办。秦始皇拨的寻药专款一到手，卢生就拉着他的帮手侯生，一不做二不休，干脆也学徐福溜了。

徐福一去不返已然让秦始皇异常恼怒，今又听说卢生和侯生也溜之大吉，秦始皇更加怒不可遏，立即下令捉拿卢生和侯生两人。

这一时间，由于大量焚书，引起不少儒生和方士的不满，他们大造舆论，谩骂、攻击秦始皇，说他“专任狱吏”、乐以“刑杀为威”、“贪于权势”等，到处散布对秦始皇不利的言论。这使秦始皇更加怒火中烧，在命令捉拿卢生和侯生的同时，又派出御史，到全国各地追查诽谤朝廷、惑乱民心的儒生、方士。

结果，除卢生和侯生不知所踪外，凡是议论朝政的人都被抓了起来。很快，一个人供出第二个人，第二个人又供出第三个人……如何处置他们呢？就是生生活埋。

活埋的地点在渭水之滨。据说在今陕西临潼以西二十里，就有一处山谷叫作“洪坑沟”，此地又名“坑儒谷”，就是秦始皇当年的“坑儒”之地。

还有一种关于“坑儒”的委婉说法。据东汉卫宏在《诏定古文尚书序》中记载，秦始皇让人冬天在骊山温谷挖坑种瓜，瓜在温室条件下生长，在冬天竟然也结出了果实。秦始皇很好奇，就召集全国七百多名儒生实地考察，要他们找出冬天能结出瓜的原因。趁儒生们争论不休之时，早已埋伏好的弓箭手们一起放箭，无数儒生还没回过神来就纷纷倒在箭下，被厚厚的黄土永远地埋在了山谷中。

还有人研究后认为，秦始皇当年坑杀的其实根本不是什么儒生，更不是“意见领袖”，而不过是一群打着方士名号的江湖骗子而已。

但不管怎么说，不问青红皂白，就一次活埋数百人，称之为暴戾总是不为过的。

总之，焚书坑儒是中国历史上一大要案，秦始皇和李斯也因此被永远地钉在了历史的耻辱柱上。最让人痛心的是，经由这一暴行，中华文明的许多宝贵遗产，从此再也找不回来了。中华民族的许多宝贵思想，比如战国时期百家争鸣、言论自由的传统，从此被遗忘和中断。如果九泉之下有法庭，秦始皇和李斯等人是应该送去受审的。

好了，现在能够杀人见血的武器被没收了，能够杀人于无形的文字和思想的武器也被打压了。那么，他该高枕无忧了吧，他的帝国应该安全地传之万世了吧？

恰恰相反！

事实上，暴政从来不可能持久，历史的车轮也不可能按照独裁者的旨意来前行。

秦始皇很快就遇到了大麻烦。

第三章

兴亡不过顷刻间

不明不白地死亡

本想长生不老的秦始皇，绝没想到自己会以这样的方式离开他眷念的人间……

公元前210年春，酷爱旅行的秦始皇开始了他人生最后的一次长途之旅。

庞大的车队从咸阳出发，一路经由云梦、丹阳，来到越国旧都会稽（今浙江绍兴）。秦始皇在这里祭了大禹后，又如往常出行般下令刻了一块石碑，赞美了自己一番。

接着北上，来到吴国旧都吴（今江苏苏州）。来吴的目的，据说是为了搜寻春秋末期吴国君主阖闾的名剑——干将、莫邪（yé）。

名剑没有搜到，于是渡江，沿海岸北上，到了琅琊（今山东青岛境内）。他还是忘不了这地方，他想要找到徐福。

此时的秦始皇已年过半百，在那个年代已算是来日无多了，因此他对长生不老愈加渴望。

然而面对茫茫大海，秦始皇心里很明白，今生要再见徐福恐怕只能等到海枯石烂了。他只好长叹一声，收拾起失望又失落的心情，踏上了回程的路。

天有不测风云。这一路狂风大作，暴雨不歇。

人更有旦夕祸福。尚未抵达咸阳，秦始皇就在平原津（今山东平原南）准备渡黄河时，突然病倒了，危在旦夕。

庞大的车队仍在威严地行进着。

酷热的七月很快来临。当车队来到沙丘平台（位于今河北邢台广宗境内）时，病体不支的秦始皇已不能前行，只好住进了当地的行宫。车驾在此异乎寻常地停留了三天。三天过后，一代巨人溘然长逝。

秦始皇的死就如同他的身世、他的作为一般，引发了后人无数的争议。争议的重点集中在他的死因上。

第一种观点认为，秦始皇是因病而亡。

持这种观点的依据主要是《史记》中的相关记载：秦始皇自幼多病，所以体质较弱，而他为人又刚愎自用，事无巨细皆要亲自裁决，每天不看完一百二十斤的章奏（竹简），绝不休息。后人设想，如此繁重的工作自然使他极度劳累。而出巡期间，正值七月炎暑，往年旧疾加上近年保养不善，诸多因素并发，皆有可能促使他在途中病发身亡。

第二种观点认为，秦始皇是因中毒而亡。

我们知道，秦始皇兼并六国后最大的愿望就是做个千古之君，长生不老。为此，在派徐福、卢生等人出外寻仙求药的同时，他还企望经由方士们的“炼丹”来延年益寿。

炼丹是古人为追求“长生”而炼制丹药的方术，故名炼丹术。炼丹的原料是丹砂，是硫与汞（水银）的无机化合物（即硫化汞），因呈红色，故名朱砂。

由于朱砂形体圆转流动，易于挥发，古人感到十分神奇，因而选择其他金石药物与之按照一定配方彼此混合烧炼，并反复进行还原和氧化反应的实验，以炼制“九转还丹”或称“九还金丹”，在古代，它被认为是具有神奇效用的长生不老之药。

我们知道，汞是一种有毒物质，一次性摄入过多会导致人体急性汞中毒，少量摄入则会在肾脏内蓄积中毒，这也是古代食用丹药的常见病症。

因此有人猜想，秦始皇多年食丹，体内已积蓄大量汞毒。毒素恰好在他第六次出巡时，受外界高温刺激后，汞毒猛烈侵害机体，并最终导致了他毫无征兆的暴毙。

第三种观点认为，秦始皇是被人谋杀的。

据《史记》记载，秦始皇死后，丞相李斯恐天下有变，秘不发丧，置棺木于辒辌车中，让亲信宦官守护。每到一处，按例进膳。百官奏事，也由宦官在车内应答。时值酷暑，又用车载上一石鲍鱼，来混淆尸体的臭味。直到进入咸阳，才正式发丧。

上述这种做法，无疑为秦始皇之死蒙上一层神秘的色彩，为“谋杀说”提供了依据。

那么，如果秦始皇真是被谋杀而死，谁是主谋呢？

宦官赵高嫌疑最大。

据史书记载，秦始皇外出巡视时乘坐的辒辌车宽大舒适，车有窗户，闭之则温，开之则凉。人坐车中，可站可立。车内之人可以自由窥视外面的人与物，并无障碍地收听各类信息，但外面的人却丝毫不能看到内里，只能听到发自里面的传话或命令。

秦始皇每次出巡，其车队都由数十辆外观完全一致的车组成，而他乘坐的车子每日皆有变换，因此，他到底坐在哪一辆车上，只有宦官赵高最清楚，因为他是始皇之心腹，更是中车府令（执掌乘舆之官），车队完全由他掌握调换。未经他许可，任何人包括李斯等人在内，都是不能见始皇的。所以，若谋杀始皇，只有赵高能做到。

根据史书记载，当时负责护理秦始皇的，只有赵高及其所派心腹宦官一二人而已。由于秦始皇发病突然，就当时的医疗技术来说，也许连他自己都认为在劫难逃，于是便写下了让长子扶苏继承皇位的遗诏。然而很可能就是这一遗诏，使赵高动了矫诏之心。随后，他与李斯、胡亥勾结一起，假造诏书，并令扶苏自杀。

然而，也许令赵高没有料到的是，秦始皇命大，居然从重病中又缓了过来。这让赵高很是惶恐，因为一旦秦始皇恢复健康，自己矫诏之罪必然暴露，等待自己的必然是死罪。事已至此，赵高很可能为了保护自己而痛下杀手，而供他选择的办法多之又多——他可以在献给始皇的三餐中下毒，也可以直接动手将病后体虚的帝王扼死，反正辒辌车中所发生的一切都不会有人察觉。

推测赵高弑君的第二个理由是，蒙毅临时被调离。

秦始皇最后一次出巡的主要随从人员除赵高、李斯、胡亥等人外，上卿蒙毅也在随行之列。

蒙毅是大将蒙恬的亲弟弟，公子扶苏的亲信，可是当秦始皇在途中病重时，蒙毅却被遣返回边关。从这突然的人事变动来看，也许是赵高等人早已策划好的阴谋。

因为蒙恬领兵三十万随公子扶苏驻防上郡（管辖今陕西榆林、延安及内蒙古自治区乌审旗等地区），从秦始皇的身边遣走蒙毅，也就是去掉了扶苏的耳目；加之赵高曾被蒙毅治罪而判死刑，后因秦始皇过问，方得赦免。赵高从此对蒙毅恨之入骨，发誓要灭掉蒙氏一族。赵高在秦始皇病重时遣走蒙毅，也为自己后来计谋的实施清掉了一块绊脚石。

这样，蒙氏弟兄非但不会在第一时间得知秦始皇的死讯，更不会知道始皇帝已被谋杀，这也就为赵高把胡亥推上皇帝宝座留下了充足的运作时间。

从这个角度来说，赵高谋杀秦始皇的可能性更大，并且安排很周密。

当然，虽然从情理上分析，赵高弑君的嫌疑很大，但事情毕竟发生在两千多年前，秦始皇究竟是暴病而死，还是遭他人谋杀，至今并无切实的证据，因此，他的死因仍然还是一个不解之谜。

不过，无论如何，秦始皇还是走到了他人生的终点。人们常说“盖棺论定”，然而秦始皇已盖棺两千多年，人们却依然很难对其一生的是非功过做出一致的评价。

秦始皇无疑是伟大的。

他一统天下，又开疆拓土，奠定了中国的雏形。

他“书同文，车同轨，行同伦”的举措让中华民族从此成为不可分割的整体。

他发明及推行的由中央管辖的郡县制、中央九卿制，为历代王朝所效仿，一直沿用了两千多年。

灵渠的开凿，恩泽百代，沟通了湘江和漓江，连接了长江与珠江两大水系，使之成为南方水上交通的大动脉；古关中地区修建了郑国渠，沟通了泾水和洛水；开辟了关中漕运航道，灌溉了农田几百万亩，直到今天人们都受益匪浅。

内地人口向桂林、南海、象郡等地大迁徙，他们带去了内地先进的生产工具和发达的科学技术和文化，对开发边疆和民族大融合都具有重要意义。

此外，他还筑驰道，修长城，有效地抵御匈奴族的骚扰，保障内地人民生活安定。

然而，秦始皇又是残暴的。

他以极端残忍的手段“焚书坑儒”，把“百家争鸣”的先秦文化毁于一旦，对中华文化的传承和发展造成了不可估量的损失。

他还以苛法酷刑处罚百姓。在秦始皇及其儿子秦二世的淫威之下，整个秦王朝就是一座人间地狱，所有的人都生活在恐怖之中，挣扎在生死线上。

“人渣”做了接班人

都说“龙生龙凤生凤”，然而无论从哪个角度来看，接秦始皇班的二世都像个人渣……

秦始皇死后，接替他掌管天下的，是他的第十八子胡亥，亦即后世所称的秦二世。

作为秦始皇最小的儿子，胡亥按理是做不了皇帝的。秦始皇自己选中的接班人，也不是胡亥，而是公子扶苏。可惜正如前文所述，这份已经加盖了印玺的诏书，被宦官赵高和丞相李斯掉包，胡亥成了二世皇帝，扶苏则被矫诏赐死。

这结果，怪谁呢？

当然得怪秦始皇。

如果他不是那么专横跋扈，那么暴戾，那么刚愎自用，事情也不至于坏到这个份上。至少，他可以早一点昭告天下，明确宣布立扶苏为太子；或者在病重之时召开御前会议，预为安排。

然而他不肯，别人也不敢提醒。结果，只好断送了自己的江山。

断送是肯定的，因为继位的胡亥是个混蛋。用今天的流行语来说，就是个“人渣”。

当然，混蛋和人渣也不是天生的。据说小时候的胡亥虽然有些调皮捣蛋，总体还算聪明乖巧，否则秦始皇出巡也不会带着他。

而且，秦始皇死后，赵高曾这样对他说：“皇上驾崩，未对诸公子封王，仅有给长子扶苏的一封书信在此。如果扶苏来到咸阳，即可立为皇帝，拥有天下，而公子您却连一寸土地都没有，这该如何是好？”意在劝诱胡亥矫诏夺权。

没想到胡亥一口回绝，说：“父皇这样安排必有他的道理。明君知悉臣下，明父知悉儿子。父皇去世，不言封赏诸子，我作为儿子没有多话的余地。”可谓干脆利落，毫无恋念政治权力的野心。

可惜的是，人心的防线总是很脆弱，尤其禁不起权力的诱惑。在赵高后来的一番巧言令色和利害分析下，胡亥终于入彀（gòu），与赵高、李斯结成了篡权“三人组”，开始摆弄起帝国的命运来（其间赵高已成功拉拢李斯，详情见后文）。

接下来，赵高毁掉秦始皇写给公子扶苏的遗诏，对外诈称李斯亲受始皇遗命，立公子胡亥为太子。然后，另外伪造了一封始皇写给扶苏的信，给扶苏与蒙恬安上了几宗罪，赐死二人。

伪诏写好后，胡亥马上派亲信作为特使，飞驰上郡，将信送到蒙恬的大营去。

事情办到这一步，仍然还潜藏着一个危险，那就是扶苏与蒙恬可能会抗命，发兵造反。如果是这样，问题就大了，因为在扶苏那里，也有一定的权力正统性。

为防止出现这种可能，载有秦始皇遗体的车队在过了井陉（今属河北）之后，故意向北绕了一大圈，窥探北边的动静。

再说那信使到了上郡之后，把信交给扶苏。扶苏万万没想到父亲的诏书竟是这样的内容，如雷轰顶，悲泣不止。但知道父命难违，只好接过宝剑，回到内舍准备自杀。

蒙恬虽然也很震惊，但他较为冷静，劝阻扶苏说："皇帝巡游在外，并没有立太子，命臣领三十万军戍边，以公子您为监军，这是将天下的重任托付给我们。如今仅凭一使者来，就要自杀，焉知其中无诈？可暂且派人向皇上请命，若属实，再死不迟！"

扶苏为人忠孝，不肯抗命，对蒙恬说："父令子死，唯有一死，又何必请命？"说完，便自刎而死。

久经战阵的蒙恬，深疑其中有诈，不甘就此死去。送信的使者并没有权力杀死蒙恬，只好把他交给狱官，关押在上郡的阳周（今陕西境内），自己回咸阳复命去了。

当出巡的车队临近咸阳时，终于得到了扶苏已死的消息。赵高欣喜若狂，立即催促车队加紧赶路。

等到了咸阳附近，赵高立即假传圣旨，说皇上重病在身，免去一切朝仪，车队直接回宫。

此时的胡亥志得意满，觉得自己成为皇帝已经十拿九稳了，便想宽恕蒙恬，毕竟蒙家一门三代有功于秦。

赵高死活不同意。岂止是不同意，他还想让蒙毅也一块儿跟着死。

这不难理解，一则当年的仇恨一直记在他心，二则只要蒙氏兄弟还活着，对他就始终是一个严重的威胁。

于是赵高向胡亥进谗说："先帝早就有意让你做太子，可是蒙氏兄弟反对，所以才改立了扶苏。今日不除去蒙氏兄弟，来日他们必为扶苏复仇，那时恐陛下就难以安枕了。"

胡亥并不傻，虽然心里对蒙氏兄弟有些怜悯，但为了手中的权力，一切都不过是浮云。因此，他毫不犹豫地下达了缉拿蒙毅的命令。

蒙毅遭逮捕后，被关押在代郡（治所在今河北蔚县）的狱中。胡亥怕夜长梦多，旋即派人将蒙毅杀害。

胡亥又派出使者，再次赴上郡要蒙恬的命。当然，为了照顾蒙恬的“面子”，美其名曰“赐死”，也就是让他自杀，以保全尸体。

蒙恬自知回天无力，仰天大叫道：“老天啊，你为何厚奸薄忠？”随后眼含热泪吞药自杀。

一代名将，就此陨落。

根据史书记载，蒙恬不仅治军有方，威震匈奴，而且也是一个心灵手巧的人，传说他在治军之余，还发明了毛笔和古筝。

扶苏与蒙氏兄弟一死，秦朝等于垮了半壁江山，此后的命运，自然不难预测。

一切准备妥当后，靠阴谋诡计谋得最高权力的胡亥，以秦二世的名义为秦始皇发丧，诏令大赦天下，宣告自己正式承继帝位。

本是同根生，相煎偏要急

为了至高无上的权力，秦二世杀起自己的兄弟姐妹来，比杀只鸡还狠……

胡亥即位成为秦二世时，才二十出头，正处于人生的大好年华。虽然最高权力的攫取是那么卑劣，但如果他能像后世的唐太宗李世民那样，将国家治理得国泰民安，估计后人对他的评价就会来个一百八十度大转弯。

可惜，胡亥压根儿就不是那样一块料。甫一上台，他就论功行赏，把赵高提拔为郎中令，负责宫中卫戍。

胡亥的想法是，由于自己的权力来得不合法，反对的人恐怕不会少，只有把中央警卫大权交给拥护自己上台的赵高，他才能放心。至于赵高会不会有异心，这位二世皇帝并不担心，他想，没有我胡亥，能有他赵高的今天吗？

可惜，胡亥虽然坐上了皇帝的宝座，但并没有当皇帝的脑子，他根本不明白，其实正确的说法应该是，没有他赵高，哪有你胡亥的今天？

不过，如果要说胡亥是一个愚笨之君，也不符合实际，因为他接下来就做了一件“明白”事。

此时的秦始皇陵已基本完工，为了凸显自己继承的合法性，胡亥隆重地为已逝父皇举行了一场葬礼。

可能是怕自己的老爸在地下孤单，胡亥下令：“先帝后宫非有子者，出焉不宜，皆令从死，死者甚众。”后宫嫔妃们生子者必然寥寥无几，因此，如果《秦始皇本纪》的这段记载为史实的话，为秦始皇殉葬的嫔妃宫女，也许是中国历史上为君王殉葬人数最多的一次。

胡亥之残忍，确实有“乃父之风”。

当然，在其他方面，他也不输老爸。

胡亥做了皇帝后，完全继承了秦始皇好动的基因，也喜欢在全国各地巡游，然后到处刻碑留念。李斯则继续当他的书法家，为他写了一手又一手漂亮的吹捧篆书。

也许是良心发现，有一次胡亥游玩回来后，把赵高叫到咸阳宫里问道：“人生实在太短，一眨眼工夫就没了。现在我已经成为皇帝，是天下最有权势的人。所以，我很想快乐地享受下去，直到死的那一天。你认为可行吗？会不会有人说闲话？”

赵高的脸上立刻堆起一圈灿烂的笑，纯真得就像七八岁的小孩子，接着他又用纯真的声音说道：“唉哟，皇上，您可真是英明领袖的典范啊，到郊外考察工作顺便饱览一下祖国的大好河山，居然还怕人说闲话，那些凡人的思想哪能上升到您这个境界啊？不过呢，有个事我还是想提醒陛下一下，虽然天下百姓都衷心拥戴您，天天祈祷您万寿无疆，但毕竟‘人心隔肚皮’，那些与陛下您有利害冲突的人恐怕在心里还是不服气的，比如陛下的哥哥和先帝提拔的大臣们。现在陛下才当皇帝，他们一定认为陛下没有经验，只怕就要出来搞事了。这样一来，陛下您还能痛痛快快地享受吗？”

胡亥一听，心里一凉，原来当了皇帝居然还有这么多的反对派，那该怎么办啊？

赵高一眼就看穿了胡亥的心思，立即给他出了个主意：制定严厉的法律，实行株连。然后找些借口把先帝的其他子女和先帝提拔的大臣们统统“咔嚓”掉，不就没有后顾之忧了吗？

胡亥一听，高兴得差点儿跳起来，觉得赵高实在太有才了，脑袋里装的全是金点子，于是立即委托赵高全权处理此事。

手握“尚方宝剑”的赵高绝不客气，没几天工夫，就分两批将胡亥的十八个兄弟和十个姐妹杀死，刑场惨不忍睹。

将闾等三人也是胡亥的兄弟，为人沉稳老练。赵高抓住他们后，一时找不出什么罪名陷害，就将他们关在了宫内。等其他兄弟姐妹被杀后，赵高派人逼他们自尽。

将闾对来人说：“我们遵守宫廷中的一切礼节，并没有任何过错。朝廷规定的礼制，我们也没有违背。听君命行事，我们更没有一点过失。我们想知道我们到底犯了什么罪？”

来人答道：“我的任务不是来跟你们讨论有罪无罪，而是来要你们的命的。”

将闾一听，知道自己这个弟弟杀起哥哥们来，是不需要理由的，连捏造罪名的时间都懒得花费了。他仰天大叫了三声“我没有罪”，然后和另外两个弟弟相拥自杀了。

在胡亥的众兄弟中，还有一位叫公子高的，他见将闾这样品行、才学俱佳的哥哥都难逃一死，自己肯定也难逃厄运。但逃走又会连累家人，于是下决心用自己的一死来保全家人的安全。他上书给胡亥，说愿意在骊山为父亲殉葬。

胡亥一看，心情大爽，马上叫来赵高，拿出公子高的信问他：“这算不算走投无路？他们还会造反吗？”

赵高说：“现在他们早被吓破了胆，哪有时间去考虑造反的事啊！咱们的计划成功了。”

胡亥开心地笑了起来，立刻给公子高划拨了十万钱作为埋葬费，算是表扬了他的高度自觉性。

现在，那些潜在的反对派全部杀光、摆平了，胡亥终于可以放心地玩乐了。

此前，阿房宫还未彻底竣工，秦始皇就去世了。胡亥觉得有必要优先处理先父留下的“烂尾工程”，于是宣布继承先帝的遗志，继续大量征发全国的人力修造阿房宫。

修建阿房宫等工程虽然是无偿劳役，但购买物料、工具等仍然需要钱财。钱财哪里来？胡亥哪里有经济头脑，只会加大税赋。他觉得，反正民间百姓那么多，就像韭菜，割了一茬又一茬，还愁搞不到钱？

阿房宫一时半会儿交不了房，胡亥决定趁此机会干点正经事。他以保卫首都（其实是为了保护自己）之名，调了五万部队到咸阳来。五万人每天消耗的口粮不是个小数目，胡亥怕供应不上，就命令各地向咸阳供给粮草。那时没有火车、飞机、轮船等现代化运输工具，粮食的运送只能靠征集民间人力来完成。胡亥怕这些人偷吃运送的粮食，特意规定他们必须得自带干粮。而且还严令，咸阳三百里内，任何人都不能以任何理由动用这些粮草。

经过秦始皇多年的折腾，民间百姓早已苦不堪言。大家好不容易盼到秦始皇死，以为新君初立，一个新时代来临了，新生活也会随之而来。哪知，这个二世比他的老爹更加残暴，简直就是秦始皇的升级版，而且在可预见的将来，这个版本还将继续不断地升级下去。

谁受得了？

谁都受不了！

既然忍无可忍，那就无须再忍。

第四章

未得善终的抗争

陈胜、吴广揭竿而起

如果一个人或一群人被压迫得连最基本的生存权利都已经丧失了的话，反抗就成了最终的选择……

秦二世元年原本可以是一个新的辉煌开始，前提是胡亥有抱负、有担当，还有点能耐。可惜，新皇帝并没有带来新气象，这一年，恰成了帝国末日的开幕式。

彼时的帝国，还在秦始皇统治时期的惯性下运行，北部边境防范匈奴的任务很重。北方游牧民族对中原的威胁和侵袭延续了很多年。

按理说应该依靠正规军队去防范匈奴，可是秦朝的办法是，直接征调基层的平民入伍去戍边。

也许秦朝的统治者算盘打得精，用平民戍边，既可以借此抽走精壮劳力，减少民间造反的可能，又可以减少一大笔军费开支。一举两得，何乐而不为？不过这也引发了一些问题，积累日久，终成了溃堤之穴。

这年七月，官府下令，征发一批平民去渔阳郡戍边，称之为戍卒。

渔阳郡就是今天的北京市密云区，位于北京市东北部，是华北通往东北、内蒙古的重要门户，有“京师锁钥”之称。不过，在秦朝时这里却是边远的苦寒之地。

老百姓再穷，也不愿意离乡背井跑到大老远的苦寒之地。征发平民戍边，本来就是容易引起民怨的事，而秦朝的法律，对戍卒到岗的要求又过于苛刻，一旦误期，就要斩首。

如果误期了，是否就要中途斩首呢？不是，是到达以后，由接受官员来验证、执行。

那么在半道上误期了的戍卒，会那么老老实实地跑去送死吗？

这个问题，没人过问。也许秦律的设计者们把那些被称为“黔首”的民众看成了牛马。在他们看来，既是牛马，让你向左，你就不能靠右。可是这些设计者们似乎忘了，人终究不是牛马，也不会永远甘于做牛马。

就在这批戍卒当中，有一支九百人的队伍，被征发后暂时集中驻屯在大泽乡（位于今安徽宿州境内）。这支队伍里，有两个日后影响了中国历史的非凡人物，一个是陈胜，一个是吴广。

陈胜是阳城（今河南平舆阳城）人，吴广是阳夏（今河南太康）人，两人都是农民出身。不过二人能力很强，入伍不久，就担任了屯长。屯长并非军官，只能算“兵头将尾”。在帝国庞大的军事系统中，可谓微不足道。

史书记载说，陈胜此人素来有大志，曾给人当雇工，帮有钱人家耕田。一次在田间休息时，他想到自己这做牛马的命，惆怅良久，忽然对伙伴们说道：“苟富贵，勿相忘！”

伙伴们大笑说：“你想多了吧，哪来的富贵？”

陈胜仰天长叹，然后说了一句特别有名的话：“嗟乎，燕雀安知鸿鹄之志哉！”

其实，陈胜和吴广本来并不认识，但碰在一块儿后，同病相怜，倒也意气相投，很快成为知己。他们怕路上耽搁，误了行期，天天帮着军官督促这一大批平民往北赶路。

没想到一行人到达大泽乡后，正赶上下大雨。大泽乡地势低洼，水淹了道路，没法走。他们只好安营扎寨，暂时停留下来，准备天晴后再赶路。雨却偏偏下个不停，急得这队戍卒就像热锅上的蚂蚁，不知如何才好。

眼见走也走不成，逃又逃不了，戍卒们只能愁眉苦脸地叹气，私底下说些怨天怨地的话。

陈胜偷偷地跟吴广商议：“这儿离渔阳还有几千里地。就算雨现在不下了，路也不好走。算起来，我们怎么也赶不上行期。难道咱们就这么白白地去送死吗？”

吴广说：“那怎么办？咱们逃走吧！”

陈胜摇摇头，说：“逃到哪儿去？被官府抓回去，还不是个死。逃，是个死；不逃，也是个死。反正都是死，不如大家团结起来推翻他们。拼一回，这样总比到渔阳白白送死强。”

随后，陈胜和吴广设计杀掉了领兵官，然后把大家召集起来，跟大家分析当前状况，说：“弟兄们，我们遇到了大雨天，现在已经误了朝廷规定的期限。按照律法，我们将会被斩首。就算朝廷开恩，不杀我们，但战死或累死在疆场的可能也十有六七。相反，如果我们造反起义，则不但可能活下来，说不定还能富贵。一个男子汉，绝不能死得窝窝囊囊。即便死，也得扬名立万。”

紧接着，陈胜掷地有声地说：“王侯将相宁有种乎！”

是啊，王侯将相不也是爹妈生的吗？他们是多只胳膊了，还是多条腿了？只要我们舍命一拼，我们也能成为王侯将相！

话音刚落，众人一片欢呼。

其实，这句话说不说都无所谓了，因为九百戍卒早已别无选择。走投无路的他们，露出右臂作为标志，筑起土堆歃（shà）血为盟，砍下树枝作为武器，举起竹竿作为军旗，旗上写着大大的“楚”字，大伙儿对天起誓，同心协力，推翻暴秦。他们公推陈胜做首领，陈胜就自命为将军，称吴广为都尉（仅次于将军的武官）。

九百戍卒就这样揭竿而起，拉开了中国历史上著名的大泽乡起义的序幕。

没人知道，此时的大泽乡是否仍在雨中。但可以肯定，九百戍卒的心里早已是雨过天晴，因为他们开始了新的生活，有了希望，也有了奔头。

义军首先攻下驻地大泽乡，然后攻打管辖大泽乡的蕲县县城（在今安徽宿州），几乎不费吹灰之力便将其拿下。接着，义军又以摧枯拉朽之势攻克了安徽、河南交界的大部分地区。

行军过程中，陈胜一直在不断地吸收民众参与义军，等兵临陈县（今河南淮阳）城下时，陈胜的军队已经有战车六七百辆、骑兵一千多人、步兵几万人。

此时，陈县郡守、县令都已逃之夭夭，唯有县丞一人坚守。

面对勇猛如狮般的义军，陈县县城很快被攻破，县丞被杀。陈胜大军顺利进驻陈县。

随后，陈胜称王（史称“陈王”），以陈县为都，国号“张楚”，即大张楚国之意。

至此，中国历史上首个农民起义政权正式挂牌。

谁也不买谁的账

陈胜吴广振臂一呼，起义之火迅速在四处燃起。然而义军们却自立山头，谁也不买谁的账……

陈胜称王，此举距离他们在大泽乡起义，也许连一个月时间都不到。可以说，他是以迅雷不及掩耳之势将“王侯将相宁有种乎”这句话演绎成了活生生的现实。

陈胜由戍卒而为王的事迹很快便在民间传扬开来，极大地鼓舞了天下饱受秦政之苦的民众。他们纷纷聚集起来，在全国各地逮捕、杀伐当地官吏，以响应陈胜。起义之火在神州大地熊熊燃烧起来。

然而，陈胜过早称王的弊端也很快显露出来。

虽然此时全国各地都有起义发生，但盘踞在陈县的张楚政权正因陈胜的称王而成为大秦帝国的重点打击对象。一时间，小小的陈县也就成了放在整个大秦帝国屁股底下的火药桶，而已经自立为王的陈胜则一屁股坐在了火药桶上面。

可惜，此时端坐于火药桶上的陈胜毫无危机意识，非但没有意识到秦军主力正在火速集结，并向他扑来，反而还端出了一套有模有样的“大政方针”。

陈胜一方面委派吴广统兵继续向西面攻击前进，目标直指大秦帝国的京城咸阳；另一方面则派出使臣积极联络被秦国所灭的六个诸侯国（楚、魏、赵、燕、齐、韩）的贵族后裔，邀请他们加盟于自己的张楚集团，一起推翻大秦帝国。

此时，令陈胜没想到的局面出现了。

首先，原来那些被秦始皇灭掉的六国的贵族后裔也纷纷起义，但他们从没想过要成为陈胜义军的“加盟店”，他们甘愿独自与秦对抗。

其次，陈胜所派出的使臣一出门就背叛了陈胜，压根儿就不搭理陈胜那一套，而是另起炉灶，自行起义。

陈胜很愤怒，但一时也想不出对付的办法。

此时的张耳和陈馀，因劝说陈胜缓称王的建议没有被采纳，知道陈胜离失败已经不远，便决定另立山头。二人的策略是怂恿陈胜分兵去攻打赵地，再相机行事。

这一次陈胜听从了张耳和陈馀的建议，选派与自己关系要好的陈县人武臣领兵三千北上，张耳、陈馀任左右校尉。

武臣的军队从陈县出发后，由白马（今河南滑县）渡过黄河，依靠各处豪绅贤达的策应，攻城略地，一口气插到了范阳（今河北定兴）。

沿途抵抗义军的十几个县令，当然统统都被杀了。然而范阳县令徐公是武将出身，据城坚守，拒不肯投降。

武臣很生气，但也只能生闷气而已。

徐公却很得意，认为武臣不过尔尔，义军也就是一群乌合之众而已。

这时，有一个叫蒯（kuǎi）通的人出场了。

蒯通，范阳人。性机敏，善通变，是当时出名的纵横家。纵横家的本事，是“三寸之舌强于百万之师”。

他见范阳县城被围得很紧，便去拜见徐公。

徐公很客气，问道：“先生有何见教？”

蒯通说："一来吊唁，二来贺喜。"

徐公不明所以："先生说话实在玄乎，那请问为什么要吊唁？"

蒯通说："因为大人快要死了。"

徐公有些恼怒，但既然做了一县之长，好歹也得让人感觉有点涵养的样子，于是仍然语气平静地问道："先生此言何意？"

蒯通说："秦法严酷，而您担任范阳县令已经十余年，杀人的至亲，砍人的手足，黥人的脸面，不计其数。那些受害者早就对您恨之入骨了，他们先前之所以不敢加害于您，不过是畏惧秦朝的严刑峻法罢了。但此一时彼一时也，现在武臣的军队围城如织，大人您如果一味坚守而不归附的话，您想想城中那些与您有过节的人，他们会放过您吗？"

徐公一听，心里不禁打了个寒战，是啊，这明枪易躲暗箭难防，于是问道："先生有何办法救我？"

蒯通笑道："这就是我又来贺喜的原因，因为大人遇到了蒯通。"说完凑近徐公的耳朵，如此这般说了一通，说得徐公不住点头。

说完，蒯通拜别徐公，马上出城，来到武臣军营，对守门卫士说道："快去通报，就说范阳人蒯通前来拜见。"

听到守门卫士来报，武臣第一句话就是："蒯通是谁？"原来他并不认识此人。

还是张耳见多识广，说道："他是河北名士！"

武臣一听大喜，马上传他进来。

蒯通一见武臣，稍微客套下，便说道："将军一定要攻下范阳吗？"

"那是当然！"武臣也很干脆。

"依在下之见，此非上策，如果将军愿意听从在下的计策，便能不战而屈人之兵！而且传檄下去，千里之地都可轻松搞定。"蒯通自信满满地说。

"愿听足下高见。"

"范阳县令拼死守卫县城，无非是贪图富贵胆怯畏死罢了。将军为何不委以官职，封赏有加？他一归附，将军便可命令其乘车四处招降，则燕、赵不降之城可尽归将军矣。"

武臣一听，这主意好，省事省钱还不用流血牺牲，于是采纳了蒯通的建议，封徐公为侯，并赏以巨额资产。

徐公能有如此待遇，自然是因为他第一个投降，算是带了一个“好头”。

此头一开，义军“缴枪不杀”的政策，很快为天下知晓，于是三十多座县城不战而降。

人的本钱多了，就总会想着干点大事。

之后不久，武臣特别愉快地接受了张耳、陈馀发自肺腑的建议，自立为王，并封张耳为右丞相，邵骚为左丞相，陈馀为大将军。

大家皆大欢喜。

唯有陈胜不喜。

当他听说武臣自立为王后，气得七窍生烟。可生气要是管用的话，那只能是气炸了肺。陈胜还不想自毁身体，所以他只能面对现实，派人向武臣道喜，同时命令他进攻秦。

翅膀已长硬的武臣哪里还肯听陈胜的指挥？不但不攻秦，反倒在张耳和陈馀的谋划下，派部将韩广去攻打燕国（今北京及河北中、北部），李良去攻打常山郡（今河北石家庄附近），继续扩大自己的地盘。

被武臣派去攻打燕国的韩广，原是六国中赵国的一员小吏，他对武臣自立为王的做法是看在眼里，记在心里，所以攻占燕国后，如法炮制，在燕人的拥戴下自立为燕王。

虽然自周朝始，“礼”便已通行天下。但自战国以来，道德早已滑坡，人人唯利是图，此种环境下，韩广的所作所为并没有受到时人多大的谴责，但武臣却不能不问责。

大怒之后，他与张耳、陈馀率兵直扑燕国边界，准备好好教训一下这个不知天高地厚的“学生”。

但武臣在两军即将交战之时，一人跑出去闲逛，结果被燕军的边防部队给抓住了。

这下麻烦大了，燕军有了这样一张王牌，便要挟赵国割地换人。

张耳、陈馀苦无对策。

赵军中一位伙夫自告奋勇要去营救赵王，所有人都嘲笑他。死马全当活马医，张耳、陈馀认为这样试试也好。

伙夫雄赳赳气昂昂来到燕国，劈头盖脸地问燕军主将："知道我来干什么吗？"

燕将可能也被唬住了，有些嗫嚅地说道："来救你们赵王的吧？"

伙夫道："你知道张耳、陈馀是什么人吗？"

燕将道："贤能之人。"

伙夫道："你知道他们为什么不肯退兵？"

燕将道："想营救赵王。"

伙夫道："错！大错特错！武臣、张耳、陈馀不费一兵一卒拿下数十座城池后，其实他们三人都想称王，但考虑到局势不稳，才装出团结的样子立年长的武臣为王。现在赵国安定，张陈二人便想裂土封王。所以他们表面上是救赵王，实际上巴不得你们把他杀了。然后呢，以赵国的实力灭掉你们燕国不就是分分钟的事吗？"

燕将被这位伙夫说得一愣一愣的，觉得他说的话实在太有道理，当即放还了赵王。

再来看看喊出"王侯将相另有种乎"这句响亮口号的陈胜，他很快就会遇到大麻烦了……

堡垒先从内部攻破

如果说秦帝国其实是被自己人搞垮的话，陈胜吴广的起义失败又何尝不是……

武臣自立山头为王后，指挥不动他的陈胜只好寄希望于吴广。

统兵西征的吴广，一开始还是很顺利的，一路向西推进了几百公里，并且包围了距离咸阳尚不足五百公里的战略要地——荥阳。

负责守卫荥阳的秦将是李由。

李由是李斯的儿子，他虽然不像其父那样写得一手好字，但战略眼光还是有的。当吴广的大军浩浩荡荡地开向荥阳时，李由意识到了局势的危险性，立刻向他老爸报告：“现在贼军十万已经来到许县，日夜可达荥阳。现在城里只有两万多守兵，而且存粮不多。如果不派兵增援，我们就没救了。荥阳要是完蛋，咸阳就很危险了。”

李斯接到儿子报告后，慌了起来，急忙去找胡亥，希望这位年轻的皇帝能派兵救援。

不过，李斯的心里一点底都没有，他甚至都无法知晓自己还能否活着回来。

李斯的担心是有道理的。

其实早在陈胜吴广刚刚起义的时候，就有情报送到了朝廷。但是新即位的胡亥却认为和谐社会怎么会出这种事，因此见谁送这样的情报就杀谁，逼得情报部门最后只好自欺欺人地说：“地方上出了些小盗贼，都已被郡守和县令一网打尽，不足为虑。”

胡亥这才喜笑颜开，继续快乐地玩耍。

李斯的运气还不错，当胡亥看到他送来的报告后，不但没有生气，反而满脸担忧地喃喃自语起来：“原来敌人还真有啊，而且差不多进入荥阳了……敌人有十万人，守荥阳的军队却只有两万多……双拳难敌四手，人家四个打你一个，你再怎么生猛，也打不过人家啊！”

胡亥接着说：“我也没有办法了。李爱卿你是知道的，在玩乐方面我是富有创意的，可打仗很‘菜’啊。术业有专攻嘛，人终归是不能全面发展的。”

李斯在心里几乎把胡亥的祖宗十八辈都问候了个遍，但他什么也不敢说，只能悻悻地退了出去。

再说李由，见求援报告送上去后，左等右等都没有下文，心想：只能靠自己了！他把城里的百姓们都组织起来，一边加固城防工事，一边打造兵器，等着吴广的到来。

吴广的大军很快便来到城外，并向城内发起了进攻。

一时间，城外鼓角震天，吴广的大军如潮涌般冲向荥阳城。他们强行渡过护城河，架起云梯猛攻。

李由沉着冷静，指挥守城将士勇猛还击，死者的血染红了护城河的水。

接下来，双方你攻我守，吴广的部队虽然人多，但就是打不败人数少的李由。

此时的吴广其实还另有选择，那就是绕开荥阳，向北攻击进入咸阳把秦朝老窝端掉！然而，吴广并没有这么做。这并非缘于吴广是个死脑筋，而是他深知荥阳自古以来就是兵家必争之地，要是绕过荥阳愣头青似的强突进入关中，大军必将处于极度危险的境地，弄不好就会被秦军“包了饺子”。

所以要入关，必须先控制荥阳一线。

李由舞文弄墨不行，打仗却真是一把好手，让吴广的军队吃尽了苦头。

西路军受阻，让陈胜看在眼里，急在心头。无奈之下，只好任命上蔡人房君为上柱国，冀求他能给自己出点好主意。

这边房君想破了脑袋仍一无所获的时候，忽然来了一个叫周文的人。

周文，又被称为周章，曾经侍奉过战国四君子之一的春申君黄歇。

周文此人从无战争经验。早年做过视日，也就是根据日影来判断时刻的技术专员，有时候也根据时辰来占卜一下吉凶。

由于在名人手下做过事，所以周文一直以此为荣。一见陈胜就自称是个兵法行家，开口闭口都是当年如何帮助春申君指挥千军万马。

陈胜还真信了他，而且本着用人不疑的原则，给了他将军印，让他向西攻击秦军。

没想到周文的运气还真不错，一路摧枯拉朽，几乎没遇到多少抵抗，就进入了函谷关（在今河南灵宝境内），然后在戏亭（在今陕西临潼东北戏水西岸）驻扎下来。

咸阳已经近在眼前。

胡亥听到这个消息后，知道这下子不好玩了，立即召集重臣商量对策。可惜满朝文武，竟无一人吭声。

年轻的二世皇帝很伤心，养了这一大帮人，怎么个个都是吃闲饭的？唉，要是蒙氏兄弟还在就好了，可他们不跟我一条心啊！难道我的命就这么苦？

就在胡亥胡思乱想的时候，有个人站出来说话了。

这个人叫章邯。

章邯，字少荣。时任少府，少府主要负责征收山海地泽之税以及与皇室相关的手工业制造等事务。

章邯说，敌人兵多势强，指望郡县的军队来相救，是远水解不了近渴。为今之计，只能赦免骊山刑徒，发给他们兵器，让他们来抵御盗贼。

“这能行吗？”胡亥不太放心。

“陛下，这总比坐以待毙强吧？”章邯长叹一声。

“好吧，啥也别说了，此事就由爱卿你来操办吧！”

接着，二世大赦天下，委任章邯为将军，率骊山（今陕西临潼）刑徒及奴隶四十万之众，迎击周章。

此时驻军戏亭的周文正志得意满，趾高气扬。

当晚，周文含笑睡到了天亮。在梦中，他居然看到自己名垂青史了。

他确实名垂青史了，只是方式比较寒碜。

此时正值冬天，北风凛冽，天寒地冻。章邯带着刚被赦免的四十万刑徒和奴隶对周文的军队发起攻击。

这些刑徒和奴隶，长年累月在骊山干活，早已身心疲惫，了无生趣。然而自由和希望永远都是那么有诱惑力，当他们得知只要击败对面的敌军，就可以重获自由，甚至建功立业后，浑身立刻爆发出了无穷的能量。

周文的军队见对面猛地冲过来黑压压的一片人，而且横冲直撞，无惧生死，他们哪里抵抗得住，纷纷丢盔弃甲，末路狂奔。周文也被裹挟其中，根本无法组织起有效的反击。

义军一路败退，先是退到曹阳（今河南三门峡西南），章邯追到曹阳，曹阳被攻破，周章再退到渑池，章邯又追到渑池。十余日后，渑池也完了，周文已经无路可退，更无颜而退，只好自刎而死。

周文战败的消息很快传到吴广军中，吴广的部将田臧等人建议说，章邯一定会率军前来救援李由，到时候腹背受敌，日子恐怕不好过，不如以一小部分兵力牵制荥阳守军，以大部分精兵来迎击章邯的秦军。

田臧等人的建议全被吴广否决。

田臧是在大泽乡随陈胜吴广揭竿而起的骨干分子之一，好歹也算“陈吴集团”的创始人之一，因此对吴广的傲娇行为怎么也看不惯。觉得这家伙除了目中无人外，啥本事没有，再跟他干下去，前途一片黑暗。

好吧，此路不通，另寻他路。

田臧把几个跟他想法相似的人召集起来，说：“周文已经‘挂’了。秦军主力马上就会赶来夹击我们。现在我们连小小的荥阳都搞不定，哪里还能跟秦军的主力开战？可惜我们的建议吴广根本听不进去。如果我们再继续跟着他混，恐怕就死无葬身之地了。那还不如杀了他，再换种活法。”

大家一致同意。

当田臧等人走进吴广的营帐时，吴广不但没察觉到危险临近，反而指着他们的鼻子就骂：“我又没叫你们，你们来干什么？”

田臧平静地说道：“我们刚接到陈王的命令，前来处死你。”

吴广大叫起来：“你们这些人反了不成！陈王的命令在哪里？”

田臧一刀就劈了过去，这位堪称中国农民起义运动鼻祖之一的人物就这样走完了自己短暂的一生。

从表面上来看，吴广似乎是由于刚愎自用以至于部下无法与其商议军政大事才导致被杀，但事实上应当另有他因。

根据史书记载，吴广为人亲切，善待士兵，在军中有极强的号召力。或许，这对于“陈吴集团”的老大陈胜来说是一种巨大的威胁。

当时，陈胜为王，任用亲信，不仅苛察臣下，而且还妄杀故人，因此将士离心；相反，整日带兵的吴广却获得了基层士兵们的拥护。

由此，陈胜与吴广的关系不再如起事之初那般默契，而是渐渐地转为暗中对手，后面这件事就是明证。

田臧他们砍死吴广后，割下吴广的脑袋，派人送到陈胜那里。陈胜呢，不但不为一起起事的好兄弟的惨死而惩罚叛贼，反而任命田臧为令尹，还让他兼任上将，成为张楚政权的首席大臣。

由此可见，田臧杀吴广即便不是陈胜指使，也至少是得到了陈胜默许的。

吴广的死对于张楚政权来说，是一个巨大的损失，也预示着这一临时政权终究不会长久。

田臧在斩杀吴广的时候，表面理由是吴广不知兵法，好像他在这方面是行家里手似的。当了张楚的首席大臣之后，就按照自己的既定方针办事，留一小部分兵力看住荥阳，自己带着主力部队去攻打章邯。

章邯这时正在到处寻找张楚政权的主力作战，看到田臧居然送上门来，高兴得要命，立刻下令开打。

真刀真枪地干上了，田臧这才知道自己到底有几斤几两。可惜为时已晚，他连首席大臣的委任状都还没捂热，就永远地倒在了沙场上。

随着田臧的光荣牺牲，陈胜的事业直接进入了最后时光。

忘了初心，何得始终

人们常说“不忘初心，方得始终”。然而做了王的陈胜却将初心忘得一干二净，他的失败也就在所难免……

章邯是个工作狂，打败田臧后，他丝毫没有休息的意思，而是直接开到荥阳，轻轻松松地干掉了田臧留下的攻城部队。

章邯越打越有劲，接着向陈胜的另外两个部将打过去，一个叫邓说，一个叫伍逢。这两个人更不是他的对手。不过，他们仗打得差劲，逃跑的本事却不小，一溜烟就狂奔到陈胜所在的陈城（今河南淮阳），向陈胜汇报了情况。

陈胜很愤怒，这两个家伙不好好保卫领导不说，倒跑过来要领导保卫你，那我要你们还有什么用？于是就把邓说杀了，以儆效尤。伍逢则被责令继续率军抗击章邯，将功补过。

这边陈胜正生着气，那边他曾经的亲密战友武臣，心情也好不到哪里去。

前已述及，武臣自立为赵王后，曾派大将李良去平定常山，李良很快就完成了任务。武臣认为李良可堪重用，又派他去攻打晋阳（今山西太原）。

李良是个急性子，当晚就带领部队出发。等到了井陉时，受到了秦军王离军队的阻拦。

当时王离军少，李良军多。但王离这个人比较狡猾，他根本就不和李良硬拼，而是派人给李良送了一封信，在信中假借秦二世胡亥之名对李良说："你曾经侍奉过我（李良曾在秦朝为官），是我提拔你才显贵的。可没想到你竟然背叛我做出如此不仁不义之事，也太不厚道了。不过你现在后悔还来得及，只要你重新真心归附于我，那么你以前做过的一切我都一笔勾销，并且让你更加显贵。"

我们闭着眼睛都可以想得出，这是王离的缓兵之计。而且，敌人越是拉拢你，说明他心越是心虚。既然这样，那还有什么好说的呢，抄起家伙就打过去呗！可是李良却犯难了，因为此信没有封口。

一封没有封口的信辗转多人送来，就算此信与秦二世无关，李良本人也无反意，但万一有人偷看此信后向陈胜告密怎么办？那真是跳进黄河也洗不清了。

由此看来，王离此信实在狠毒。它的用意非常明显，那就是"逼良为娼"。

李良的心里就像放了十五只水桶，七上八下，说不出的难受。他不敢贸然前进，加之心绪不宁，一时无法判断王离的兵力究竟有多少，于是决定率军先回邯郸复命，并请武臣给他增加一些兵力后再出发。

没想到在回邯郸的路上，李良真反了。

事情很有戏剧性。李良快回到邯郸城时，突然远远地看见有一支一百多个随从的仪仗队奔驰而来。

排场这么大，以为是赵王出游或是赴宴归来。李良来不及多想，立即下马跪在地上行礼。

其实，这不是武臣的车队，而是武臣姐姐的车队。这位王姐倒是很会享受，弟弟当了赵王，她就天天四处赴宴，吃香喝辣。这天她也是刚刚赴宴归来，醉得秀眼迷离。朦胧中看到有个人趴在地上向自己行礼，也不知道此人是谁，就随手派了一个随从去对李良说："起来吧，不必跪了。"然后便扬长而去。

男儿膝下有黄金。上跪天，下跪地。出则跪君主，入则跪父母。如今向一个醉酒的女人家下跪，她竟然还不亲自来请起。李良将军觉得自己的面子丢大了。可跪都跪了，有什么办法呢？

他的几个下属对他的性格、禀性向来掌握得很好，这时看到他的脸色，知道他是愤怒了。有一个家伙就直接对他说："从陈王举事开始，你的地位就比赵王高，你的水平也比他强。但他称王也就算了，可气的是，现在连他姐姐这个女人都不肯下车为将军行礼。她又算个什么东西！还是让我追上去把她杀了吧！"

一石激起千层浪，李良的下属们个个义愤填膺要为他洗刷屈辱。下属们的话就像一锅沸水把李良的脑袋给煮热了，前有招降书，后有女人辱，反赵乃天意耶？

好吧，既是天意，那就反吧。愤怒的李良马上发出指令，给我追上去把那个烂醉的女人杀了。

杀了赵王的姐姐，就注定成为武臣的仇敌。

既然是仇敌，那就不客气了。李良立刻将部队调过来，向邯郸发起进攻。

武臣做梦也没有想到居然会被自己人暗算，他都来不及抵抗，就被李良杀了。

张耳和陈馀在赵国的耳目多，他俩提前一步提到了消息，得以逃生。

虽然武臣背叛了陈胜，但他终究没有回过头拿陈胜开刀。从另一方面讲，他的存在还成为陈胜面前的一道屏障。

如今这个屏障倒下了，陈胜就得直接面对秦朝大军了。

更加不幸的是，此时秦朝决定加大打击力度，派大将司马欣和董翳率兵帮助章邯剿灭义军。

不久后，章邯大破伍逢，又把陈胜的上柱国房君杀了，接着再向陈胜的另一个部下张贺猛打过去。

张贺的部队已基本上算是陈胜最后的家当了，陈胜一看大事不妙，赶紧亲自跑过去督战。

可是，完全无效。张贺的军队根本无法抵挡章邯的进攻，张贺本人也死在战场。

这时的陈胜几乎陷入绝境，身边既没有带兵的将军，也没有多少可用的军队。

他先是逃到汝阴（今安徽阜阳），然后又逃到下城父（今安徽境内），之后就再也没逃了。

此时，他已经走投无路了。

此时正值寒冬，天气异常寒冷。做了陈胜半年多专职车夫的庄贾，觉得再这样逃跑下去完全没有前途，还不如杀了陈胜向朝廷要点赏金。于是，他举起了手中的刀。

一代英杰，就此离开了历史舞台。

从陈胜率九百疲惫之卒起兵，到浩荡大军抵近咸阳，才三个月时间。而从戏亭之败到最后覆灭，也才三个月时间。真可谓“其兴也勃焉，其亡也忽焉”。

陈胜的迅速失败，后人总结出了无数原因，比如过早称王、赏罚失当、缺少将领、四面用力、大本营太靠后等等。从战略战术和用人角度来看，这些说法都没错。

但事实上，他之速败，应该还与他的个人品质有关。

一个显而易见的事实是，陈胜起于草莽，出身贫贱，自己一得志，手上的泥土气息还没有洗干净，就已经看不起小时候的同伴们了。

我们知道，给人当雇工时的陈胜曾经对一起耕地的苦难兄弟许下诺言："苟富贵，勿相忘！"在陈胜于陈县称王以后，他当年的那些乡亲故旧想起了这句誓约，于是结伴相投。

应当说，陈胜一开始还是做得不错的，他将乡亲故旧们留在王宫中，锦衣玉食地招待着。

然而酒足饭饱之后，这帮与陈胜熟悉得不能再熟悉的人，便开起了玩笑，争相将陈胜年少时的糗事一一抖搂了出来。

平心而论，这种抖搂并非为了让陈胜难堪，而不过是为了表示自己对陈胜特别了解，与陈胜关系特别亲近而已。

可惜，此时的陈胜早已不再是当年那个许下"勿相忘"诺言的老实人了，他听到自己的糗事被爆料之后，立即恼羞成怒，命人将几个多嘴老乡的脑袋砍了下来。剩余的人见状自然惊恐万分，纷纷告辞。

自此以后，陈胜再也没有糗事被曝光，但他滥杀旧识的恶名也传遍四方。人心，也就逐渐离他而去。

今天的人们爱说"不忘初心，方得始终"。但凡有了点小成就，就将初心忘得一干二净的人，要想真正成功，很难。

当然，作为倒秦革命的首义领导人，陈胜的功劳还是很大的。

他首开用武力反抗暴政的先河，为后世被压迫者提供了一个典范。

一个贫苦的雇工，能在六个月内号令天下，与强大的帝国体制相对抗，颠覆了尊卑贵贱的固有体系，起码给后来的刘邦乃至黄巢、朱元璋等人以巨大的鼓舞。

陈胜的人生岁月虽然很短暂，但他就像划破天际的流星，为世间留下了一道灿烂的光芒，至今依然熠熠生辉。

第五章

枭雄崛起于乱世

梁氏叔侄兵起江东

陈胜、吴广去世后，项梁、项羽叔侄二人勇敢地在江东举起了起义的火把……

陈胜、吴广的起义虽然失败了，但星星之火已经燎原，无法扑灭了。继起者中，高擎火把的领头人之一，是江南项氏一族的项梁、项羽叔侄二人。

项氏一族是有些来头的，其祖上世代都是楚将，因功勋卓著而被封于项，故姓项氏。项，即今河南项城。两千多年后的风云人物袁世凯，便是项城人。

项梁之父亦即项羽之祖叫项燕，更是楚国名将。公元前 224 年，项燕统领楚军，大破入侵的秦军。次年，秦举国攻楚，项燕被秦将王翦围困于泗水郡蕲（qí）县，兵败自杀，楚国也由此灭亡。此后，项氏家人流落民间。

正所谓“百足之虫，死而不僵”。项氏一族，尽管已沦落为寻常百姓，但其贵族、王侯将相的意识并未泯灭，依然矜持地维持着战国分封的流风余韵，而且一心一意要恢复故国旧土，变天复辟。

项燕死时，项羽只有九岁，或许是父母早亡的缘故，他由叔父项梁抚养长大。

项梁是项燕次子，关于他早年的事迹，史书记载不多。我们只知道项燕兵败自杀后，项梁成了项氏一族的主心骨和头面人物。后来项梁因故杀人结下仇怨，在家乡无法待下去了，只好带领项羽避仇到了吴县。

吴县就是现在的苏州，春秋时期是吴国的国都，秦代则是会稽郡的郡治。

吴县地处江东，乃吴越故地，这里民风强悍，人们逞勇好斗，信奉“以拳头说话”的江湖法则，因之对项氏一族很是景仰，对项梁的大名也早有耳闻，他们对项梁的到来甚是欢迎。

客居吴县的项梁，一时间成为民间社会的领袖和地方上的头面人物，其影响和势力之大，连郡县长官都对他另眼相看。

不过，项梁似乎并不太看重这些，他最大的愿望是为老爸报仇，让大楚复国。他很希望项羽长大后能成为自己的得力助手，因此在项羽还很小时，就非常注重对他的教育。

哪知项羽天生不是读书的料，拿到课本没几天，就不愿意再去上学了。既然读书这条路走不通，那就练武吧，以后上战场杀敌也是可以发挥很大作用的。于是，项梁又让项羽学剑。文的不行，那就试试学习武艺。

可项羽学了没几天，又觉得剑术就是个花架子，要真上战场，恐怕也派不上什么大用场。因此又把宝剑丢开，不学了。

项梁很生气，就怒斥侄子说：“你小子什么都不想学，难道想做个无所事事的街头小混混？咱家可是‘楚国’的名门望族，你爷爷可是连秦国二十万大军都打败过的。你要是成为街头小混混，咱项家人的脸往哪儿搁？”

项羽却嘻嘻一笑，满不在乎地对叔叔说：“读那么多书管什么用？能换来权还是能变成钱？至于剑术，练得再好，不也只是匹夫之勇吗？男子汉大丈夫，要学就学那些可以打败千万人的本事。”

项梁一听，觉得这小子居然还志存高远，有培养前途，于是就教他兵法。

项羽一看，这个比读书和练剑术强多了，就答应下来。可他身上终究缺乏兵法细胞，只学了个大概，就不肯再钻研下去了。

上帝在关上一扇门的同时，就会为你打开一扇窗。

项羽虽然学习成绩拿不出手，但身体素质却超级棒——身高八尺多（大致相当于今日的 1.85 米以上），而且力气超大，可以轻松地举起千斤之鼎。秦时的千斤当然不能等同于今天的五百公斤，但据测算，项羽所举之鼎在两百至三百公斤之间。如果是在今天，以项羽之臂力，是有可能轻松摘下奥运会举重金牌的。

除了力气大，项羽的胆子也不小。

有一次，秦始皇到会稽视察，项梁和项羽都去观看。

大家看到秦始皇的排场大得吓人，个个都庄严肃穆地行礼。项羽却只是微微一笑说："彼可取而代之。"用今天的话说就是，他秦始皇有什么了不起的？我也可以取代他！

项梁听了，不禁大吃一惊，急忙伸手捂住项羽的嘴，小声责备他道："别乱说！这话要传到官府耳中，咱项家就得满门抄斩。"

不过，责备归责备，项梁却也暗暗赞赏他这个小侄子的胆识。因为杀掉秦始皇，推翻秦朝的统治，一直是他的终极目标。虽然现在秦朝很强大，但他相信机会总是有的。

上帝总是青睐那些胸怀目标的人。这不，机会很快就降临在项梁身上。

陈胜、吴广在大泽乡揭竿而起后，全国各地纷纷响应。一时间，秦王朝的统治处于风雨飘摇之中。连当时的会稽郡守殷通也看出来了，秦朝已经行将就木，如果再继续当它的地方大员，只怕过不了几天，自己的脑袋就得搬家。于是，他准备顺应历史潮流，起兵响应陈胜。

许多事情总是看起来容易，做起来难。当殷通真正做出起兵的决定时，他才发现，自己完全没有这方面的能力和条件。

想来想去，殷通最后把目光投向了项梁，决定利用项梁这个人才来干这件事。

他找来项梁，对他说："现在长江以西都已尽入义军之手，就我在官场数十年的经验来看，大秦气数已尽。如果我们不尽早起事，就会落于人后，将来别说分一杯羹，恐怕连粥都喝不上。所以，我打算立刻起兵。但一个好汉三个帮嘛，因此决定让你和桓楚统率军队。"

项梁看到楚国旧地到处是造反的旗帜，老早就想出来大干一场了，只是苦于势单力薄而作罢。如今殷通找他举事，自然是正中下怀。

在心里打定主意后，项梁转身对殷通说道："大人一眼就看清了当今形势，在下实在佩服。只不过桓楚奇人一个，我听说他犯了事现在正逃亡在外，别人都不知道他藏在哪里，好像只有我的侄儿项羽知道。我到外面问一问他。”

项梁出来后，如此这般跟项羽交代了一番，然后又回到屋里对殷通说：“在下的侄儿果然知道他在哪里。如果你同意让他去找，我就去叫他进来，由大人您当面给他布置任务。”

殷通说：“好吧！”

项梁于是叫进项羽。

项羽进来后，项梁只看了他一眼，项羽就拔出剑来，一剑砍下了殷通的脑袋。

众人大惊失色，乱作一团。

项梁则不慌不忙地拎起殷通的人头，同时将郡守的印绶挂在身上。印，就是官印；绶，就是绶带。秦汉时期的官印一般为一官一印，不像后来，新官旧官都用同一块印。但是项梁并非朝廷命官，没人给他铸印，只好先用旧郡守的。

有了这块官印，便意味着项梁有了做官的资格。于是他便自任会稽郡守，任命项羽为裨将。

这时，旧郡守殷通的部下和侍从已被项羽一口气杀了一百多人，剩下的全都吓得趴在地上，大气也不敢出，加之反抗暴秦又是大势所趋、人心所向，于是活下来的殷通部下和侍从们，全都拥护项梁。

光靠郡府剩下来的这些人对抗秦军，显然是杯水车薪，无济于事。项梁立刻贴出征兵通告。由于他在吴县一带名声大，人脉广，来报名参军的人不计其数。项梁从中挑选了八千人，并任命了一些军官。

有一个从前与项梁熟识的人没有捞着一官半职，非常不爽，便与项梁争辩起来。

项梁说：“有一次，我帮人家主持丧事，让你去办一件事，你办成了吗？你连芝麻小的事都办不利索，还想当官？”

大家一看，原来项梁还真量才录用，你光跟他讲交情，没有水平，他也不会重用你，于是打心眼里都很佩服项梁。

这支由项梁亲手挑选出来的八千人的军队，后来成为项氏楚军和楚国政权的核心力量。因其成员都是会稽郡属下各县的江东子弟，史书上称之为江东子弟兵。

光有这支八千人的军队也还不够。项梁知道，要想有大的作为，还必须争取地方豪强的支持。于是，他召集起吴县一带的各路豪强，向他们讲了起事反秦的道理，并将殷通描述成一个只知搜刮民脂民膏且又不明局势、反复无常的小人，也是因为这个原因，自己才会杀了他。

这些豪强们本就对身为项燕后代的项梁敬重几分，现如今见他旁边又站着一个猛虎一般的英雄，在敬重之外更有了几分畏惧。更何况秦朝统治者确实暴虐无道，若能顺利将其推翻，还世间以太平，自然也是大功一件。

因此，对于项梁，大家都很支持。就这样，项梁理所当然地接过了吴县的统治权，吴县一带也由此成为项梁叔侄反秦的根据地。

天上掉了个大馅饼

项梁做梦也没有想到，自己的队伍几乎在一夜之间就壮大了起来……

项梁举事之后，稳重的他并没有急于扩大地盘，而是征兵整军，安抚郡内各县，首先致力于江东根据地的建设和巩固。

到了这年年底，章邯军攻破张楚的首都陈县，陈胜率军狼狈逃跑，一时下落不明。

当时，陈胜部将召平率部在广陵县活动。广陵地处现在的江苏省扬州市，渡过长江就是会稽郡。

由于率军久攻广陵不下，召平在得到陈胜兵败去向不明和秦军东进的消息后，遂放弃围攻广陵，转而南下渡过长江，到吴县面见项梁。

召平假借陈胜的名义，任命项梁为楚国的上柱国，命令他迅速带领军队渡江西进，进攻秦军。

此时的项梁已经将江东地区安定下来，正欲伺机大展身手。

不过，项梁并没有按照召平的命令急速西进，而是一路北上，后渡过长江，进入东海郡内。

前已述及，项氏一族本是楚国名族，在楚国地区极具号召力，现在又得到陈胜的任命东进击秦，宛若如虎添翼，如龙乘云。

风闻项梁军的到来，楚国各地的义军纷纷慕名前来投靠。首先归附项梁的是陈婴军。

陈婴，东海郡东阳县（今江苏盱眙）人，原在秦朝的衙门里当小吏，为人低调而诚恳，在东阳县人缘颇佳。

随着陈胜、吴广揭竿而起，东阳县民众也杀了县令宣布起义，队伍很快发展壮大到几千人马。不过没多久，义军发现了一个问题：由于缺乏一名有威望的领袖，队伍凝聚力不强，战斗力不佳。可是，千金易得，良将难寻。到哪儿找一位优秀人才来统领义军呢？

于是，在东阳县一向有着良好口碑的陈婴被义军“盯”上了，但是“郎有情，妾无意”。人家陈婴压根儿就不愿意去当什么义军的首领。在陈婴看来，当这种随时可能掉脑袋的领导还不如当一个小吏更划算。但是，义军却不干，陈婴就这样被逼上梁山般地走上了义军的领导岗位。

依靠陈婴的号召力，东阳这支义军很快发展壮大到了两万多人马，为了明显区别于其他义军，陈婴极富创意地令义军将士都在头部裹上青布巾，于是这支义军就被称为苍头军。

不妨想象一下，两万人个个头戴青巾齐刷刷地站成一大片的场景！只能用两个字形容——壮哉！

不过，部队虽然壮哉，陈婴母亲的心里却不美哉，因为老人家凭几十年的人生经验认为，“出头的椽子先烂”，做人还是低调些好。

受母亲的影响，陈婴一直在寻找机会交出青头军的领导权，恰好项梁率军渡江来到东海郡，并派人与他联系。陈婴喜不自禁，立即和项梁结成了联盟。

不过，东阳人要求陈婴称王，做联盟的首领。这也不奇怪，当时陈婴有兵两万人，项梁只有八千，当然该陈婴做老大。

陈婴的母亲听说这件事后，立刻赶来对他说："我嫁到你家几十年了，从来没听说过你祖上有称王称霸的人。现在天下大乱，称王只能招来祸害，不会有什么好处。还不如另选别人当王，事成了，你也可以封个侯，事要不成，咱们还有回旋的余地。"

老妈都发话了，加之自己原本就对称王没兴趣，陈婴于是对野心勃勃的部下们说道："我听说项梁世世代代都是将相之家，他们在楚国已经有名很多年了，不如我们归附于他。有他打前锋，我们成功的可能性更大些。"

大家觉得陈婴说得在理，加之也没办法赶鸭子上架，只好以项梁为领袖。

在此后不久，实力强大的英布军也加入进来。

英布，又名黥（qíng）布。六县（今安徽六安）人，他是一位极具传奇色彩的人物。

英布打小就不是一盏省油的灯，经常惹是生非，长大后因犯事被秦朝处以黥刑，因此又被叫作黥布。

黥刑又叫墨刑，就是在犯人的脸上刺字，然后涂上墨炭，表示犯罪的标志，以后再也擦洗不掉。这种残酷的刑罚是中国古代专制社会中使用时间最长的一种肉刑，直至清末光绪年间才被彻底废除，前后沿用时间长达数千年之久。

英布虽然因遭受酷刑变成了黥布，但他不以为辱，反以为荣。原因据说是他早年曾算过一命，算命先生告诉他，当你被处以黥刑之后，就能当王！

没有资料表明英布受到过哲学教育，所谓"祸兮，福之所伏"的道理也许他不懂，但"受刑当王的梦想"却在他心中越发强烈。

后来，受刑后的英布被送上骊山为秦始皇修陵墓。对于一个正常人来说，这恐怕是一件深感“悲催”甚至有去无回的苦差事，但英布却不这样认为，而且在修墓的间隙，他逢人就说：“有人给我看相说，我受刑之后就要当王了。”

一同修墓的人纷纷笑话英布，说这家伙简直是一个无可救药的神经病。饭都吃不饱，还想当王？这辈子你若能把脸上那块字洗掉就不错了！

英布根本没心思去管别人的闲言碎语，他精心地为将来称王做着一系列的铺垫工作。他专和修墓队伍中的犯人头目及各种英雄豪杰交好，他们共同秘密筹划着逃跑事宜。终于有一天，他们瞅准一个机会成功越狱，之后便在长江边干起了强盗营生。

再牛的强盗终归也是强盗。英布听闻陈胜、吴广起义的消息后，决定洗脚上岸做英雄。他带着兄弟们投奔番阳县（今江西鄱阳）县令吴芮，一起参加反秦大业。

吴芮看英布还算条汉子，也不在乎脸上那几个字，心甘情愿地把自己的千金小姐嫁给了他。

英布既敢打敢冲，又胸有韬略，作战以少胜多对他来说不过是家常便饭。章邯在陈县打败陈胜后，一时牛气冲天，无人敢碰。但英布却不信邪，他带领兄弟们在青波（河南省息县与新蔡县交界处）大破秦军，夺回了陈县。

接着，英布又准备率军夺取江东，但江东却被项梁抢先占领。英布行走江湖多年，阅人无数，心明如镜，知道什么样的人可以投靠，什么样的人可以委以重用。因此，当他看到陈婴把两万多兵力交给项梁后，也毫不犹豫地把全部家当（三四万兵力）连同自己都送给了项梁。

项梁做梦都没有想到，天上真的会掉馅饼，一夜之间，自己的队伍居然从八千人扩大到了六七万人。这支六七万人的军队，就是未来楚军的基本力量。

除了陈婴、英布外，秦末汉初的一些风云人物，如谋士范增、军事天才韩信、枭将钟离昧、张楚政权的大臣吕臣和他的儿子吕青等人，也都是在这个时候加入项梁军的。

队伍壮大后，项梁率军沿大泽（今洪泽湖）东北方向，由淮阴渡过淮河，继续北上，抵达下相县（今江苏宿迁）后，进行停留整编。

项梁是个有战略眼光的人，他之所以没有马上西进击秦，而选择北上，这是有战略意图的。

首先，项氏家族的根基，在淮北泗水流域的下相县。项梁和项羽避祸客居吴县。项氏宗族都留在了下相。项梁起兵江东，仰仗的是世代楚将的家世名望，掌握江东会稽以后，迅速北上回到下相，与项氏家族会合，自然成了项梁的一大急务。果真，项梁军抵达下相以后，项氏举宗族从军，这也成为后来项氏政权的核心，史书笼统所称的诸项，如项伯、项庄等人，大都是在这个时候汇聚于项梁军中的。通过这次渡江北进，未来项氏楚国政权的军政建设，有了基本的雏形。

其次，东海郡是楚国故土，远离关中，秦统一以来成了反秦势力的逃亡聚集之地，以楚将的名义占领东海郡，有利于略地收兵，壮大军队。可以说，项梁的这两大目标都圆满完成了。

有了人马和根据地，接下来，项梁就要接过秦末农民起义这杆大旗了。

接过起义的旗帜

凭借自身强大的实力，项氏叔侄自然而然地成了陈胜之后义军的领头人……

项梁在下相停留整编并会合项氏家族后，进军下邳（今江苏睢宁古邳），窥视彭城。这个时候的项梁军，养精蓄锐有日，建设整备完成，兵强马壮，名将如云，只待一声令下，即可开赴进击。

彭城位于下邳东面，就是今天的江苏省徐州市。地处江苏省西北部、华北平原东南部，长江三角洲北翼，北倚微山湖，西连萧县，东临连云港，南接宿迁，素有“五省通衢”之称，再加上这里曾为楚国国都，地理位置极其重要，历来都是兵家必争之地。

当时，彭城由楚王景驹的军队占据。景驹察觉到项梁的意图后，下令大将秦嘉屯军彭城东部，意图阻止项梁军的西进。

景驹是楚国旧贵族，陈胜兵败后下落不明，他被独立活动于淮北地区的张楚军将领秦嘉拥立为楚王，继承了张楚政权的名号，从此举起了楚国地区起义军的帅旗。

坦率地说，景驹的这个楚王当得并不合适，也并不安稳。

首先，景驹称自己为楚王，此时不合道义。在秦末乱世，在合适的时机，你当然可以随便称王，但什么王不好叫，非得叫楚王？须知此时的楚王陈胜不过是战败逃遁不知所终而已，并未身亡。如果哪一天陈胜又现身了，你将置陈胜于何地？因此，从道义上秦嘉和景驹就已经输了一局。

其次，要想做楚王，也可以，拿出实力。好比一只狼碰见一只老虎，狼之所以会吓得屁滚尿流，不是因为老虎的额头有个“王”字，而是因为老虎能够一口咬断狼的脖子。

同理，在当时的情况下，就算陈胜已死，天下烽烟四起，楚王作为最受关注的王中之王，要想做，也得凭实力。

可景驹呢？只是一个楚国籍籍无名的贵族后裔，一无背景二无根基，更重要的是缺兵少将。这样的人也敢叫楚王，也想以此来号令天下，谁能服？

没人服。而且只会把自己放到火炕上烤，让人笑掉大牙。

项梁就是第一个不服气的人，并且首先点燃了烧毁景驹、秦嘉的第一把火。

早已兵强马壮、忙活了好久的项梁哪里容得下景驹、秦嘉这类人？他心想，我早就被陈王任命为上柱国了，你这等背信弃义的家伙算哪根葱，居然敢自称楚王？

于是召集部下说：“张楚陈王首先起兵反秦，战事不利，下落不明。现在秦嘉、景驹背叛陈王，大逆不道……”

项梁话未说完，部下们便齐声大叫道：“杀！”

项梁当即领兵由下邳西进，攻击秦嘉军。

刚刚加盟楚军不久的英布成为此战的先锋，甚为骁勇。在英布勇猛的冲锋之下，秦嘉的军队落荒而逃。

项梁又从后面统兵掩杀，秦嘉眼看跑路无望，只能调转马头硬着头皮回过头来迎战项梁，拼了！

这显然是一场鸡蛋碰石头般的战局，没几个回合，秦嘉便战死马下，所率楚军悉数向项梁投降。

景驹闻听秦嘉战败而死，八魂丢了七魂，立刻上马便逃，最后不幸跌落乱军当中，被践踏而亡。

项梁合并了秦嘉和景驹的军队后，准备西向与秦军作战。

此时，打败陈胜的章邯已经领军北上，开始进攻魏国。秦军一部抵达栗县(今河南夏邑)。项梁派遣部下朱鸡石和余樊君南下迎击章邯军，楚军战败，余樊君战死，朱鸡石退回胡陵（位于今江苏沛县境内）。

不久，项梁领军北上进入薛县(位于今山东境内)，得到楚王陈胜为车夫所杀的消息，决意撑起陈楚政权的大旗。他诛杀败军将领朱鸡石，为陈王发丧祭祀，又以张楚政权上柱国的名义，召集楚国各地的义军汇集薛县，共同协商重建楚国政权、推翻秦王朝的大事，这就是历史上的薛地会议。

不知是经过周密计划，还是突然而发，总之会议刚一开始，项梁的谋士范增便言真意切地对项梁说：“陈王的失败，自有他失败的道理。天下人都知道，秦灭六国，楚最无罪。我们楚国的国君怀王是被骗到秦国，软禁客死在那里的，因此我们楚国人从来就没有忘记过这件事，也一直不甘心做亡国奴。曾有贤人预言‘楚虽三户，亡秦必楚’。哪怕我们楚国最后只剩下三户人家，将来也一定会灭亡秦国。陈胜起兵反秦，不立怀王之后而自立为王，号召力有限，政权不能持久。将军起兵于江东，楚国各地起事的将领争先归附将军麾下，是因为将军家世世代代都是楚国的将领，他们期待您能拥立怀王的后代，恢复楚国的天下。”

范增话一说完，参加会议的义军将领们便议论纷纷，有的支持，有的反对。

项梁思索了一会儿后，接受了范增的建议，急令搜寻楚怀王的后裔。

不久，项梁的手下在田间地头找回了楚怀王一个名叫芈（mǐ）心的孙子，项梁立即将他立为楚王。为了顺从楚国人怨恨秦国无信、怀念无辜而死的楚怀王之民望，仍然号称楚怀王，以盱台（今江苏盱眙）为首都，正式重建楚国政权。

楚怀王政权建立以后，项梁自称武信君，出任楚军统帅，部下各路楚军有十万余人，他们成为抗击秦军的主力。

薛地会议虽然在历史上不甚出名，但其实意义不小。正是这次会议结束了陈胜败亡以后楚国地区群龙无首的混乱局面。而实际掌握楚国政权的项梁、项羽，也正式成为秦末起义的旗手！

当时参加了薛县会议，并支持拥立楚怀王的人中，还有一位大名鼎鼎的人物，不能不重点提及，他，就是日后汉朝的建立者——刘邦。

那么，原本是一个小混混的刘邦是如何成事的呢？

让我们回到刘邦的往昔岁月。

第六章

『流氓』开启人生的新模式

一个成功男人的背后总有一个伟大的女人

实事求是地说，刘邦日后之所以能成为汉高祖，功劳簿上是应该写上吕雉的大名的……

就在项梁于吴县举事差不多同一时间，在江苏的最北方也有一个重要人物揭竿而起。

这个人，就是项梁、项羽叔侄二人的江苏老乡刘邦。

刘邦出身农家，根据史书记载，他的家境相当一般，甚至有些贫寒。他的父母，既非当朝重臣，亦非社会贤达，可能连名字也没有。《史记》说刘邦“父曰太公，母曰刘媪”，翻译成现代汉语就是刘大叔刘大妈。大叔大妈当然不是名字，可见是“无名之辈”。

刘邦自己其实也是没有名字的。史书上说他“小字季，即位易名邦”，可见“邦”这个名，是他发迹后才追加的。至于“季”，也不是什么字，而是排行。古人以伯仲叔季来排行。伯是老大，仲是老二，叔是老三，季是老四。

刘邦的出生，也很神奇。

《史记》中说，刘邦还未出生之前，他的母亲刘大妈曾在大湖边休息，梦中与神交合。当时雷鸣电闪，天昏地暗，刘邦的父亲正好前去看她，见到有一条蛟龙在她身上。不久刘大妈就有了身孕，生下了刘邦。

据说，刘邦年轻时相貌堂堂，身高七尺八寸，鼻梁很高，须髯很美。用现代话说，就是刘邦当年身材伟岸，英俊潇洒，是一位十足的帅哥。而用相术家们的话说，刘邦天庭饱满，地阁方圆，貌若神龙，天生一副龙颜。更奇怪的是，在他的左腿上，长有七十二颗黑痣。相术家们说这是应了“赤帝火德七十二日”的征兆，也就是说，这是上天给予刘邦做“天子”的印记。

这显然是专制社会的开国帝王们惯用的装神弄鬼手段，目的无非是要证明自己命系于天，君权神授，是不折不扣的“真命天子”。说白了，就是一种愚民手段。

史料证明，刘大叔对他这个“来历不明”的小儿子并不怎么喜欢，也从来就没有把他当成什么“龙种”，反倒常常说他是个“无赖”。如果刘大叔真的看到了那条龙，似乎就不该持这种态度了。

刘大叔除了骂他“无赖”，不如哥哥们勤勉外，其他都很放任。于是刘邦从小就好吃懒做，游手好闲，也不怎么把家里的钱当钱，就连后来汉朝的太史司马迁为他作传时，也不得不承认他“好酒及色”“不事家人生产作业”。年轻时的刘邦其实就是个混混。他整天都在到处闲逛，或在酒店里和一些同样不三不四的男女吃吃喝喝，打情骂俏，后来，总算谋了个泗水亭长的差事。

秦制中十里为亭，十亭为乡，亭长比村长高半级，比乡长低半级。这种差事，算不得官，只能算是吏，而且是小吏。权不大，事不少，好处不多，麻烦不少，一般体面人家子弟不屑于做，老实巴交的庄户人家又做不了，最适合刘邦这样的痞儿和混混去做。

刘邦当了亭长以后，除发明了一种竹皮冠，装模作样地戴在头上外，倒是没有什么官架子，依然嬉皮笑脸，吃喝嫖赌，而且经常在酒馆里打白条赊酒吃。刘大妈心疼她这个小儿子，常常去帮他还酒债，而且总是加倍地还钱。于是刘邦在乡里乡间，便博得一个“大度喜施”的美名。

不知是因为刘邦“乐善好施”，还是善于交际，反正沛县三教九流的人物如萧何、曹参、夏侯婴、周勃、王陵、樊哙等，都和他成了好朋友。这些人后来也都成了刘氏集团的重要成员。

不过，刘邦朋友虽多，却一直没有讨着老婆。这也不奇怪，用现在流行的话说，年轻时候的刘邦实在是个地道的“垃圾股”，要想脱单，恐怕只有等到太阳从西边出来。

可世界之大，无奇不有，偏偏就有人说他是“潜力股”，未来潜力不可估量。

何人竟有如此与常人不同的眼光？这个人便是吕公。

吕公，单父（今山东单县）人，其名由于正史上没有记载，已无从可考。吕公跟当时的沛县县令是好朋友，不知在单父犯了什么罪而避仇来到沛县安家落户。可能是钱财甚丰在当地赢得了名望，也可能是因为与县令大人不一般的关系，被人称为“吕公”。

吕公虽然其名不详，他有个女儿却赫赫有名，她，就是吕雉。

据说县令大人也很喜欢吕雉，曾向吕公提过亲，但吕公却迟迟不表态。

为了进一步拉拢经济实力雄厚的吕公，为沛县的招商引资做些贡献，也为进一步讨好吕公，得到吕雉，沛县县令选了一个良辰吉日，特意为吕公全家举办了一次招待宴会。没想到宴会一结束，县令就哭了。

县令是哭自己输得很窝囊。

当然，宴会刚开始时，县令大人还是很开心的。

当地的豪杰和官史听说县令宴请贵客，认为这是个巴结上司的好机会，纷纷带着贺礼登门拜谒。看着大家手里沉甸甸的东西，县令乐得合不拢嘴。

刘邦认为自己大小也是个官，也去凑了热闹。

看见人数众多，担任沛县主簿并主持招待客人的萧何，宣布了一条规定：凡是贺礼钱不到一千钱的人，一律到堂下就座。

刘邦哪管这些，虽然他身上没带一分钱，却对负责传信的人说：“我出贺钱一万！”说完便大摇大摆地在堂上就座。

宴会开始后，刘邦一边大吃大喝，一边高谈阔论，可谓谈笑自如，风光无限。

刘邦的高调引起了吕公的注意，他默默地观察起刘邦来。见此人器宇轩昂，与众不同；再听其言语，更是豪情万丈，句句不俗。当下心里很是喜欢。

有人注意到吕公在频频注视刘邦，便好心提醒他说：“这是个爱吹牛的家伙，办不了多少实事。”

吕公微微一笑，心想，这些人眼光怎么这么差？这分明是个“绩优股”嘛！

待到刘邦吃饱喝足准备溜之大吉的时候，吕公连忙使眼色示意他留下来。

刘邦会意。

于是二人有了如下对话：

吕公：“多大了？”

刘邦：“老大不小，四十挂零了。”

吕公：“咋还不结婚呢？”

刘邦：“急啥？大丈夫何患无妻？”

吕公哈哈大笑，然后说：“我给很多人看过相，就数你最尊贵。我有个女儿，想将其嫁于你，你意下如何？”

刘邦一开始似乎有点不相信。也难怪，他打了大半辈子光棍，坏事干过不少，真的会吉星高照，好事自己找上门来吗？但他又转念一想：管你吕公是慧眼识珠也好，装糊涂也好。既然你敢嫁，我就敢娶。

于是愉快地答应了这门婚事。

吕公的妻子听说丈夫要把女儿嫁给混混刘邦，就非常恼怒地质问他：“你不是一直想把女儿嫁给一位贵人吗？沛县县令与你关系那么好，他来求婚你都没有答应，为什么偏把女儿许配给刘邦呢？这不是把自家女儿往火坑里推吗？”

吕公当然不会把自家女儿往火坑里推。

事实上，吕公是个聪明人。社会就像股市，有涨有跌，有跌有涨。而他吕公就像一个高明的股市操盘手，把秦朝这只股的未来走势看得一清二楚。秦始皇暴政弄得天下民怨载道，他这个秦朝的老板迟早要倒台。而沛县县令不过是秦始皇的低级打工仔，终究也逃不脱被诛杀的命运。如果把女儿嫁给他，才是真正地把女儿往火坑里推。

吕公还看出，天下一乱，只有像刘邦这样的人才会迅速崛起。因为刘邦看似一身流氓气，实则天不怕地不怕，天生是块造反的料。既然造反是迟早的事，那富贵也是迟早的事，为何不把女儿嫁给他呢？

后来的事实也证明了吕公眼光的毒辣。沛县县令果然被人诛杀，沛县易主，刘邦当头。

什么叫眼光，这就是眼光。眼光有多远，未来就有多远。

不管如何，刘邦总算告别单身了。不久之后，他就当上了两个孩子的爹。这两个孩子，就是后来的汉惠帝和鲁元公主。

不过，虽然儿女成双，此时的刘邦却并没有收敛自己的市井习气，照样吃喝嫖赌，混迹于市井之中。

为了生计，吕雉只好带着两个孩子下田劳动。刘邦还算没有彻底混蛋到家，时不时也回去帮老婆处理农事。

据说有一天，吕雉正在田间忙碌着，有个过路的白发老头向她讨水喝。

吕雉很热情地给了老人家一大杯热水。

白发老头又问，能不能给点饭吃？

吕雉又热情地给他饭吃。

吃饱喝足，白发老头突然目不转睛地看着吕雉。过了好一会儿，他感叹地说道："夫人真是贵相。"

吕雉这才明白白发老头是个过路的算命先生，连忙问道："既然您老会算命，麻烦您帮我两个孩子看看。"

白发老头先看了看蹲在地上的男孩，然后说："夫人贵是因为这个男孩。"

"那么女孩呢？"

白发老头又看半天，但只说了句"也不错"就走了。

这时恰巧刘邦回来，吕雉马上把白发老头的话原原本本地告诉他。刘邦很激动，问道："人呢？他在哪里？"

吕雉指着前方说："刚走不远，还追得上。"

刘邦追上了白发老头，然后气喘吁吁地央求老头也给他看看相。

白发老头仔细打量了刘邦一会儿，只神秘兮兮地说了句"贵不可言"，便飘然离去。

现代心理学有一个经典案例：有个著名教育家要到一个班上去挑选

几个天才学生来培养，同学们带着期待的心情等待教育家的到来。教育家来到后，只是在教室里随便转了一圈，然后随意点了几名学生，大声宣布道，他们几个就是天才，将来一定会成大事。

若干年过去了，当初那几名被教育家点中的学生果然都成为优秀的人才。于是人们很奇怪地问这位教育家，当初你是怎么断定他们会是人才的？

教育家笑笑说，其实我对那些学生一无所知，只是随意点的。他们之所以成才是因为受到了积极的心理暗示，无论碰上什么困难，他们心中都有一个信念——我是天才。凭着这种信念，他们不断地克服困难，最终走向了成功。

吕雉和吕公显然不会听说过这一案例，但既然父女二人已经看出刘邦是只“绩优股”“潜力股”，那么二人就没有理由不想方设法激发出刘邦的潜力。

所以，相比于刘邦貌相“贵无可言”之说，我们更愿相信是吕雉（或者也联合了其父）设计的一出“激将戏”。

吕雉的目的只有一个，那就是鼓动刘邦造反。她的动机也很简单，刘邦不造反，她们一家老小就只能永远待在泗水亭做辛勤的庄稼人，“面朝黄土背朝天”就将是她一生的写照。

吕雉的目达到了……

欲擒故纵，成为造反头子

刘邦之所以能成为造反头子，除了自身的能耐外，跟他善使“小伎俩”也是密不可分的……

除了老婆的鼓动，刘邦的造反很大程度上也是被逼出来的。

前已述及，胡亥一即位，就延续了秦始皇修长城、驰道、宫室以及在骊山建造陵墓的做法，从民间大量征调劳役。

沛县也接到了为骊山建造陵墓征劳役的任务，要求劳役征齐后先送往咸阳。

押送劳役是一件吃力不讨好的事，千里迢迢，苦不堪言，劳役又不好管束。为完成这一任务，县令选择了刘邦，他觉得刘邦会笼络人，能使劳役们听他的话，更容易完成这一艰巨的任务。

刘邦二话不说，很快便带领劳役们上路了。

数千里翻山越岭、长途跋涉，全靠两只脚一步步地走，同时又要携带笨重的行装设备，日夜兼程，劳役们不堪重负。而一向待人宽厚的刘邦又不忍再对他们施以严酷的管理，于是大胆些的劳役便利用这一点，趁机逃走了，并且逃走的人越来越多。

刘邦一筹莫展，心想：再这样下去，恐怕到不了咸阳人就跑光了，到时候自己怎么交差？说不定自己的脑袋都保不住了。但如果用严酷的办法管束劳役，即使他们不再逃跑，他们没准儿也会被累死或折磨死，刘邦又于心不忍。

想来想去，刘邦最后决定一不做，二不休，干脆把劳役们都放了，闯下的祸由自己一人承担。

于是，在一天休息的时候，刘邦多喝了几杯酒，然后趁着酒劲把劳役们身上的绳索解开，并对他们说："你们都各自逃命去吧，我也要从此亡命天涯了！"

劳役们感激涕零，大部分人四散而逃，但也有十几个留下来对刘邦说："大哥，这茫茫人海，哪还有我们的藏身之处？我们就跟着您干吧，您有肉我们吃肉，您有粥我们喝粥。"

刘邦长叹一声，心想，活在这乱世，当个人还真不容易。你们要跟我，可我也不知道往哪儿跑啊！世界这么大，咋连个容身之地都找不着呢？也罢，干脆带大家先上山躲一躲，实在不行就当土匪。

由于酒劲上来了，刘邦觉得有些醉眼昏花，便命令一个年轻力壮的小伙子走在前面开路，又令几个年长的断后。

不一会儿，在前面探路的小伙子慌慌张张地跑回来报告说：“前边有条大蛇挡在路上，还吐着大信子，怪吓人的，咱们还是回去吧！”

刘邦仗着酒劲儿，说：“大丈夫走路，谁挡杀谁！”说完，踉踉跄跄地赶到前面，一剑砍死了大蛇。

那些追随他的人一看，当即佩服不已。

一行人继续赶路。

没走出几里，刘邦酒气大作，不禁倒地呼呼大睡。

等刘邦睡醒后，刚才断后的几个年长者怯生生地告诉他，他们几个在路上碰到鬼了。

刘邦揉了揉眼睛，说讲清楚些。

几个人便详细地描述说：“我们路过你刚才斩蛇的地方，看到有一个老太婆在哭。我们很奇怪，问她跑这儿哭什么？她说是因为有人杀了她的儿子。我们又问她你的儿子为什么被杀呢？老太婆说她的儿子是白帝之子，刚才变成蛇，挡在道路中间，被赤帝之子杀了。我们觉得这老太婆纯粹是在忽悠人，刚准备呵斥她。没想到，说时迟，那时快，她变成一团青烟不见了。”

刘邦听后暗暗高兴，此后便以赤帝之子自居。那些追随他的人自然对刘邦更是敬畏有加，甚至崇拜起来。

很明显，这不是“碰鬼”，而是“弄鬼”，是刘邦又在“炒作”自己是真命天子的伎俩而已。迷信的人到处有，刘邦就此对自己做了最廉价也最巧妙的宣传。

与此类似的事还有一件：刘邦带着这些愿意跟随他的人逃亡到砀山(今河南永城境内)，并藏了起来。但他的妻子吕雉和其他人去寻找，常常能够很快找到。

那会儿又没有手机导航等通信设备，要想漫山遍野找一个人，就跟大海捞针似的。因此刘邦很奇怪，就问妻子原因。

吕雉说：“你所在的地方，上空常有一团祥云，顺着去找就能找到你。”

这件事情传开后，沛县的年轻人觉得刘邦简直就是人中之龙，否则怎么会有祥云跟着？于是争先恐后地赶过来投奔他。

借助于这些巧妙的“广告”或曰“炒作”，刘邦在当地的威信不断提高，跟随他的人也日益多了起来，他被当地人称为沛中豪杰。

此后不久，“陈胜吴广起义”爆发，消息传到沛县后，沛县的县令就慌了手脚。因为其他郡县响应号召的民众，都把自己的郡守和县令杀了。沛县县令也怕掉了脑袋，因此决定投靠陈胜。

可惜他和会稽郡守殷通一样，连叛徒都做不成。

之所以没做成与萧何、曹参二人有关。萧何和曹参，都是大汉王朝的开国元勋，当时则是沛县的吏员。他俩对县令说，大人本是秦的官员，现在起兵反秦，恐怕难以服众。因此就算要反，也得多找些人来帮忙。

找谁呢？

萧何和曹参提议说，刘邦不是在芒砀的岩石沼泽间乱窜吗？就把他召回来共举大计吧！

县令同意。

奉命去找刘邦的人叫樊哙。此人也是大汉功臣，当时却是杀狗卖肉的屠夫，而且是刘邦妹夫。你不服吕公还真不行，两个宝贝女儿，一个嫁给无赖，另一个嫁给杀狗的，一般人还真做不到。

所谓物以类聚，人以群分。樊哙虽然没有看见那片祥云，但他那放跑了囚犯的失职姐夫藏在哪里，他闭着眼睛都能找到。

刘邦和那帮兄弟们早就在这荒山野岭待腻了，当他们得知樊哙的来意后，立刻兴奋得跟打了鸡血似的，三下五除二把东西收拾好，连夜向沛县开进。

没想到县令却反悔了。

他之所以反悔是因为害怕刘邦带这么多人进城以后，自己控制不了局面。因此他紧闭城门，坚守城池，还打算杀了萧何、曹参。

然而这时的沛县，已不再是这个狐假虎威的县令可以做主的了。萧何和曹参知道了县令的杀心后，在县尉夏侯婴等人的帮助下，翻墙逃出城外与刘邦会合。

刘邦知道硬攻不行，便将一封帛书用箭射入城中，遍告父老乡亲。

而且他号召沛县人的口号，也是陈胜的那句话——“天下苦秦久矣！”

沛县人一看，是啊，县令这帮贪官污吏平时高高在上，作威作福，欺压百姓。现在机会来了，于是杀了县令，开门迎接刘邦。

沛县起义了。

剩下的问题是谁当领袖，谁来牵头。

大家的意思当然是刘邦来做。但根据《史记》的记载，刘邦当时认认真真地说了这样一段话：“吾非敢自爱，恐能薄，不能完父兄子弟。此大事，愿更择可者。”也就是说，我愿意保护大家，但又担心自己能力有限，有负众望，所以希望大家选择更有能力的人来当领袖。

刘邦真的不想当头儿吗？

不是。

那他为什么要这样说？

表面上看来是谦让，其实是“欲擒故纵”。

看得出，刘邦不但智商高，情商也高。刘邦心里很清楚，他再谦让，别人也不敢做。萧何也好，曹参也罢，都是读书人。不是有个成语叫“秀才造反，三年不成”么？樊哙倒可能敢，可惜威望不够，想做也做不了。推来推去，刘邦就成了“众望所归”。

当然，你说刘邦谦让是在表演和作秀，也没错。

无论假谦让还是真作秀，折腾了一阵子，刘邦总算坐上了首领的位子。从此，他被称为沛公。

起义后，萧何、曹参、樊哙等人在沛县周围四处招募青年入伍，不久队伍达到了三千人。虽说这点兵力不堪一击，都不够给秦兵塞牙缝，但刘邦好歹有了起步的资本。

这一年，刘邦年已近五十。

有道是“有志不在年高”，刘邦在如此“高龄”之际，终于开启了自己人生的新模式，确实值得钦佩。

刘邦的经历也告诉我们，一个人要想干出点事业，无论多大年龄都来得及，当然，前提是你得像刘邦那样有见识、有勇气。

挨了当头一棒

一帆风顺许多时候都只是一种美好的愿望，刘邦在举事之初同样遭遇了劫难……

刘邦造反后心里很明白，既然已经走上了一条不归路，那就不如干出点名堂。于是刘邦拉起三千人，开始攻略周边郡县。一开始挺顺利的，很快便拿下了胡陵（位于今山东鱼台东南）、方与（位于今山东鱼台西北）、戚县（位于今山东滕州境内）、丰邑（今江苏丰县）等地。

眼看自己旗开得胜，刘邦心里那个美啊，就像蜜蜂看见了小花蕊。他以为打仗也就这么回事，没啥难的。

没想到的是，噩运很快就来临了。

这是秦二世二年的冬十月，寒风呼啸，吹得人瑟瑟发抖。

然而刘邦的心更冷，因为有一队人马浩浩荡荡地开过来准备与他抢地盘了。

来者不是秦军，而是陈胜部将周市率领的魏国军队。

周市实在是个很有意思的人。他原为陈胜属下的将领，魏国人。早先陈胜派他去攻打齐国，他以为一顿饭的工夫就能把齐国拿下，没想到自立为齐王的原齐国贵族田儋，随便搞了个伏击战就将他打得一败涂地，最后只好灰溜溜地撤军回到魏地。

但一回魏地他就跟换了个人似的，立刻变成了常胜将军，很快便收回了此前由秦政府管辖的大多数魏地城市。

按理说，这时候他要称魏王，是没有人反对的。但周市不知怎么想的，居然要立战国时期的魏王后代魏咎为王。

时值乱世，枪杆子里面出政权，谁有实力谁称王。周市好不容易抢到了魏国的大片土地，此时的他却选择当活雷锋将土地物归原主，这算怎么回事呢？他手下的将领们想来想去就是想不通，于是他们还是执意要立周市为魏王。

周市先是厉言痛斥了手下们一顿，然后态度坚决地拒绝了他们的好意。

只要是在官场混过的人都认为，周市这是在演戏。既然是演戏，那我们就陪着演一段吧！于是手下的将领们又使出了古老的劝进伎俩，再三请求他当王。但三番五次过后，周市仍然不为所动，他的手下们这才恍然大悟，看来周市并非是在作秀表演，而是“王八吃秤砣——铁了心”要立魏咎为王了。手下们既难过又无奈，但也只好照办。

魏咎为王后，周市成为魏相，辅佐魏咎。周市似乎觉得自己做得还不够好，于是决定亲自带兵帮助魏咎把原先失去的土地通通抢回来。

先抢哪块呢？

周市认为，刘邦所占的方与是魏国故土，得先拿回来，因此他率领大军围困了方与城。

这刚刚有了几块巴掌大的地盘，算是有了一个立足之地，岂能任人抢去！得知消息的刘邦，立马带两千人前去救方与，同时命令戚县、胡陵的兵马速速赶来会合。

等刘邦到了方与的时候，这个小小的县城已经被周市军围得水泄不通。刘邦大怒，立刻下令进攻。双方打了没多久，刘邦死伤了几百个弟兄，他见形势不妙，只好指挥剩下的人马拼死冲出一条血路，进到了方与城内。

就在这关键时刻，曹参又提醒刘邦，他说：“咱们方与城池坚固，只要坚守，周市是很难攻破的。最令人担心的是丰邑，那是咱们的老巢啊，万万丢不得，最好赶紧派个人去提醒守城的雍齿，叫他只管守在城里，一定不要出战。”

刘邦一听，对啊，丰邑虽小，但手下弟兄们的亲属大都住在那里，如果丢失，将影响军心，到时候指不定出什么大乱子。于是立即派人悄悄溜出城到沛县传话。

可惜计划没有变化快，刘邦的人还没到，雍齿已经投降了周市。

雍齿和刘邦本是同乡，打小一起长大。那么，他为何要背叛刘邦呢？

原因其实很简单。

原来雍齿为人老实，打小就受刘邦的捉弄。虽说刘邦并不只是捉弄他一人，但雍齿偏偏非常记仇，因此一直对刘邦记恨在心。特别是他看到刘邦成为沛公后，总觉得他说话做事有点趾高气扬的样子，这让他心里更不舒服。

恰巧这时，周市派了一个幕僚来劝降雍齿。这个幕僚很出名，因为他叫陆贾。陆贾的寿命也很长，一口气活到了汉文帝时期，为汉初的稳定和发展做出了巨大贡献。

陆贾直截了当地对雍齿说，如果你投降魏国，我们会许你高官厚禄；如果你不投降，那就等着替全丰邑的百姓收完尸，再给自己收尸吧！

雍齿当然不是被吓大的，但陆贾接下来的话却让他不能不动心。

陆贾说："光看着别人威风自己生气有何用？生气不如长志气！可你天天跟在刘邦屁股后头转悠,除了生气还能得到什么？又如何长得了志气？"

雍齿一想，此话不假。那好吧，我就算一时长不了志气，也得先让自己解气。于是便投降了周市。

雍齿的做法为很多人所不齿，不过他的经历也告诉我们，对待别人，哪怕是自己的发小或闺蜜，也得顾及自尊，给以面子。否则，你今天让别人不好看，没准儿哪一天别人也会让你不好过！

雍齿投降的消息传来后，得知被自己的发小摆了一道，刘邦气得脸都变了形，当即不顾魏军重重包围，带着几千人就去救丰邑。令人奇怪的是，周市的魏军竟然不加阻拦，任由刘邦出城。

刘邦来不及思索，只是快马加鞭往丰邑赶。等他赶到后，丰邑城的四周已经插上了魏国旗帜。

刘邦暗叫一声"不好"，刚要率军撤退，四周埋伏好的魏军已如潮水般涌来。不大一会儿工夫，刘邦的几千人马就被打散，在命悬一线的时候，幸好夏侯婴及时赶到，刘邦才捡回一条性命。

应当说，此时的刘邦对雍齿是恨得咬牙切齿，然而若干年后，他却封了雍齿侯爵。可见一个人能够达到的高度与他做人的气度还是有一定关系的。当然，此乃后话。

刘邦经此一败，只能折回沛县，他打算先整顿兵马，再夺回丰邑。然而气还没喘匀，手下的人又报告说戚县、胡陵都已被周市夺去，只有方与城还没丢。

刘邦顿时觉得眼前一黑，原本想做王的他差点栽倒在地见了阎王。部下纷纷劝慰他，君子报仇，十年不晚，咱们还是先想办法守住仅有的两座城池，这才是关键。

刘邦终究是想得开的人，他立刻恢复常态，绞尽脑汁地想守城的计策。

难怪人们常说“吉人自有天相”。刘邦这边穷尽思维还没想出个眉目，那边已经有人“救”他来了。

这次“救”刘邦的人不是别人，是大秦猛将章邯。

章邯当然压根儿就没有救刘邦的意思，他只是在打败陈胜后，带着四十万兵马准备攻打魏国而已。然而魏王得到消息后，十分慌张，当即给周市发了回兵的命令。周市自然不敢停留，除留下少量人马镇守外，大军皆随他返回魏地。

周市离开后，刘邦长松了口气。然而过度紧张的神经猛然松弛下来，也许会导致人产生不适。这不，周市还没走两天，刘邦就病倒了，还病得不轻。没办法，刘邦只好暂时蜗居在沛县，细细谋划下一步的打算。

贵人相助好成事

就在刘邦陷入困境之时，他遇到了一个对他一生帮助很大的贵人。这个人，叫张良……

在沛县休整了几个月后，刘邦仍然对雍齿的背叛耿耿于怀。他怎么也想不通，打小一块儿光屁股长大的玩伴，怎么会在背后给自己捅刀子？

他决定把雍齿这小子捆回来，先好好抽他一顿，然后再决定是留是杀。当然，雍齿不可能自动跑回来，得先收回丰邑。

然而此时的刘邦要人没人，要枪没枪，拿什么打丰邑？

刘邦不禁在心里长叹一声，唉，这老大也不好当啊，威风倒是有，压力也很大啊！

但无论压力有多大，他都别无选择。

此时有人提醒刘邦说："咱们兵力不够不要紧，可以管别人借啊！"

刘邦一听，猛然醒悟过来，对啊，我打小就管别人借钱借粮借酒借衣服，什么没借过？借点兵应该也不成问题。

不过按道理说，问题应该很大。

秦末乱世，各路造反派除了打击共同的敌人秦朝外，都是今天你抢我地盘，明天我抄你老家。在这种情势下，找人借兵无疑是要人家老命。大家手里都不富裕，东拼西凑大半年好不容易才有那么点家当，借给你了明天有人来抢我地盘，我怎么办？

然而，还真有人愿意借。这位大方人就是楚王景驹。

前曾述及，景驹是在陈胜兵败生死未明的情况下，由秦嘉等人拥立为楚王的。由于自身的实力不够，加之称王的合法性不足，所以当时认可景驹的人并不多。

刘邦认为，就景驹当时的情况来说，只要公开承认他为楚王，并投靠他，借兵就不难。于是信心满满地奔景驹而去。

没想到，刘邦这一去不但借到了兵，而且还捡到了一个价值连城的宝贝。

看过电影《天下无贼》的人都知道，里面有一句经典的台词：你知道 21 世纪什么东西最贵吗？人才。

在秦末那个烽火连天的乱世，决胜千里的不是天时地利兵多粮丰，而是人才。刘邦捡到的这个宝贝就是人才，他就是为汉朝立下赫赫战功的帝王之师张良。

张良，字子房，战国末期生于韩国。他的祖父和父亲辅佐了五代韩王，在韩国很有威望，很受人敬仰，世称“五世相韩”。

到了张良青年时，韩国不幸被秦吞并，张良只好四处流浪。但他不忘亡国之恨，一直想恢复韩国。然而此时韩国已失去了反秦的力量，唯一可行的办法是寻找杀手刺杀秦始皇。

于是，张良变卖了所有家产，四处走访，以出游为借口，实际是访问天下英雄豪杰，以便从中挑选出可以刺杀秦始皇的杀手。

功夫不负有心人。几年后，张良终于找到了一个身高九尺的大力士。经过一番考查后，张良认为此人可担重任，便花重金为他打造了一颗重达一百多斤的流星锤。

某一天，在精准地侦察好秦始皇的行踪后，张良和这位大力士埋伏在始皇出行的路上。当秦始皇的车队接近后，大力士便抛出手中的流星锤，直往秦始皇的御车砸去。

可惜人算不如天算，狡猾的秦始皇居然坐在了副车上，从而躲过了一劫。

报仇不成的张良，为了躲避追查，一口气跑到下邳，找了个地方隐姓埋名居住下来。

接下来的故事充满了神奇。

据说一天，隐居在下邳的张良出来散心，他不知不觉来到了一座大桥上。一抬头，他看到一位老头悠闲地坐在桥边，正打量着自己。张良正感奇怪，老头忽然把脚一缩，鞋一下就掉到桥下边去了。

老头对张良说：“小伙子，下去把鞋给我拿上来。”

张良一听，很是生气，心想：这老头，你凭什么让我给你拣鞋，而且一点也不客气？但他看着老头瘦弱不堪的样子，想想还是算了，于是便去帮老人拣鞋子。

待张良拣回鞋后，老头却连眼都没眨一下，又说：“给我穿上！”边说边把脚伸了过来。

这一下，张良可真生气了，心想：这老头咋这么霸道？一点礼貌都没有。可又一想，还是忍了吧，毕竟自己是通缉犯，可别为一点小事栽在这里，于是便弯下腰给老者穿上了鞋。

老头仍没有说句客气话，起来便走，走了五步后，突然回过身来对张良笑着说道："小伙子，过五天，天一亮，你就到桥上来找我，我教你点儿东西。"

张良听了老人的话，又回想了一下他刚才的所作所为，感觉这一定是位了不起的人物，便跪倒在地，答应道："好！我一定来！"

过了五天，张良起了个大早，迈着快步来到桥上，见老头已经在桥上了。

老头有些生气地说道："让你天亮就到，你怎么这么晚？去吧，五天后早点来，别让我等你！"说完就走了。

又过了五天，天还没亮，张良就起床跑到桥上。没想到老头又站在了桥上，只是黑着脸说了一句"五天后再来"，说罢便又走了。

四天后的晚上，张良没有睡觉就来到桥上。晚上的小风有些冷，张良咬咬牙，坚持着。半夜刚一过，老头就一步一步向桥上走过来。张良赶忙迎了上去。

老头笑了笑，说道："今天来得还比较早。"边说边从怀中掏出了一部书，递给张良说："用功读吧，为国家为百姓谋些福利。"

张良刚要道谢，老头已不见了踪影。

回到住处后，张良掌灯一看，原来是一部叫《太公兵法》的兵书。他顿时爱不释手，从此日夜攻读，终于读透了这部奇书。

有人说，张良后来正是靠着这本书，慢慢成为秦末汉初一等一的谋略家，从而改变了刘邦，进而改变了时代。

一本书真有这么大能耐？

未必。

但张良改变了刘邦，又帮助刘邦改变了时代，却大抵是事实。

张良对刘邦的改变或曰帮助，从二人的第一次见面就已开始。

二人初次相见是在刘邦前往景驹处借兵的路上。

当时，原本隐居在下邳的张良眼见反秦的烽烟四起，便带着自己先前招募来的一百多名青年人，前去投奔离自己最近的义军首领景驹，希望借助景驹的力量，光复魏国。没想到他和刘邦就这样在半道上相遇了。

见面后两人很快便聊了起来，而且还很投机。

那么，二人到底谈了些什么呢？史无记载，我们不得而知。但根据《史记》和相关史书“遂属焉”这三字记载可知，这次谈话后，张良便决定追随刘邦。

刘邦用充满人格魅力的话语说出了自己的人生愿景、团队目标、实现手段等，从而深深打动了有抱负又有韬略的张良，使之认为刘邦才是自己值得追随的明主，从而毫不犹豫地转投那时还很弱小的刘邦。

也有史籍这样记载，二人见面后，张良讲兵法，一旁的人均不得要领，只有刘邦听得津津有味，而且一听就懂，甚至能马上说出张良所讲策略的高明之处。于是张良认定刘邦天赋高，悟性好，是天才，将来一定能成大事，因此愿意一辈子为他出谋划策。

我们且不管这些说法的真假，总之刘、张二人甫一见面，便有一种相识恨晚的感觉，达成结盟关系后，便结伴去求景驹借兵攻打丰邑。

中国人爱说“为富不仁”而“穷大方”，自己没几杆枪的景驹还真是“穷大方”，他当即答应了刘邦的请求，拨了一批人马给他。可还没等刘邦拨马回丰邑报仇，秦军就已经杀过来了。

原来是章邯的部将司马枿（niè）率军杀到了砀县（今河南永城境内），并且准备攻击景驹驻扎的留城（今江苏沛县东南）。

情势危急，景驹只好对刘邦说，你先带兵帮我抵挡一下西方的秦军，等击退秦军你再带领部队去收拾雍齿。

吃人家的嘴软，拿人家的手短，何况砀山还曾经是刘邦的逃难之地，于情于理刘邦都无法拒绝景驹的要求，最后他只好率军西击秦军，而张良则留在了留城。

没想到秦将司马枿还真有两把刷子，在萧县附近将刘邦打得毫无还手之力，并一路追击将刘邦赶回了留城。

不过让刘邦稍感安慰的是，一来景驹已于稍早前跑到了彭城，留城自然就落在了他手里；二来又见着了张良，他觉得张良一定能帮助他扭转颓势。

张良先是给他分析形势说，现在敌强我弱，咱们不能强攻，只能智取。然后张良利用刘邦熟悉砀山地形的优势，巧布迷魂阵，将司马枿的秦军引诱到了一个三面绝壁的葫芦形山谷中，一举歼灭了大部分部队，剩下的残余士兵全都选择了投降。司马枿在几个当地人的指引下，好不容易才趁着夜色逃了出去。

砀山一战，刘邦不仅大获全胜，还收降了数千秦军，刘邦对此甚感安慰，然而雍齿的事却始终像一块巨石压在心头，让他日夜难受。因此，在留城休整了短短数月后，刘邦便迫不及待地带着已壮大到近万人的兵力前往丰邑。

此时正是春寒料峭的时节，然而站在丰邑城下的刘邦却如沐春风，心情畅快极了。

刘邦确实有理由高兴，因为此时丰邑城内的守兵连雍齿在内也不过一两千人，双方的兵力实在太过悬殊。此时的刘邦心里暗暗在想：明年今日就是你雍齿的祭日！

然而，这场本以为没有悬念的战争却出乎刘邦的意料。在雍齿的指挥下，丰邑就像是一团熊熊燃烧的烈火，而刘邦的近万名士兵却如飞蛾扑火般纷纷落在城下。没过几天，刘邦就差不多成光杆司令了。

好不容易积攒起来的兵力竟然被雍齿打得溃不成军，刘邦感受到了莫大的耻辱。但就像一个不服输的赌徒般，他又渴望着能赶快翻本。只是翻本需要本钱，他还有么？

自己是没有了，但别人还有。不知道脸皮为何物的刘邦决定再找景驹借兵。

只可惜，就算景驹是全天下最大方的人，刘邦也不能得偿所愿了。因为此时的景驹已在项梁的攻击下，永远地告别了美丽的人间。

刘邦倒也不难过，相反还多少有些高兴，这样一来从前借的兵债不就一笔勾销了吗？何况死了景驹，还有项梁，于是刘邦马不停蹄地赶到薛县向项梁借兵。

此时的项梁正在谋划召开薛县会议，需要得到更多人的支持。他知道此时的刘邦虽然落魄，但号召力还是有的。因此答应了刘邦借兵的要求，但条件是刘邦必须听从他的指挥。

刘邦权衡了一下利弊，认为还是报仇为大，至于听谁的指挥至少在目前看来并不那么重要，于是爽快地摇身一变，成为项梁集团下属的一个“加盟店”。

项梁很高兴，立即拨给刘邦五千兵马，并且派了十名高级军官配合指导刘邦作战。

项家军还算训练有素，自然不是景驹之兵可比。经过一番恶斗，刘邦终于攻下了丰邑。虽然可恶的雍齿早已跑得无影无踪，刘邦总算还是出了一口恶气。

出了恶气的刘邦很开心，项梁更开心，因为有了刘邦等人的加盟，使得他如虎添翼，队伍和实力也得到了增强。

就像一个生意人，有了本钱自然想做更大的买卖。为此，项梁如前所述，接受范增等人的建议，召开了那场极为英明的薛县会议，扛起了起义的大旗。

旗帜就是方向，旗帜就是力量。反秦的事业，从此更加波澜壮阔，声势浩大。

应当说，项梁此时的心情完全可以用“春风得意马蹄疾”来形容，恐怕他每天是含笑而睡，含笑而醒。然而，他忘了还有一句话叫“乐极生悲”。

第七章

拼智力，也拼实力

得意的代价太沉重

有些人哪怕取得了芝麻大的成就，也容易得意。然而，得意的代价不低。这不，项梁就吃了大苦头……

有了英布、刘邦等人的加盟，又有项羽、范增等人的相助，再加上薛县会议扯上楚怀王为旗帜，项梁的事业风生水起，他的部队也所向披靡。短短时间内，就将中原半部收入囊中。

反观大秦帝国的形势，却是相当不好。原来的六国都已基本恢复，而且除燕王韩广外，齐王田市，赵王赵歇，魏王魏咎，韩王韩成，楚王芈心，都是战国时期的王室旧族。

这就是说，秦始皇一统天下的革命成果，已全部打了水漂。秦帝国也已经命悬一线，危在旦夕。只不过依靠章邯的英勇善战，暂时续上了一口气。

章邯受命于危难之际，他凭借自己的勇猛刚一上阵就连连得手，灭陈胜于下城父。

不过章邯没高兴多久就陷入了苦恼中。他满以为灭掉陈胜后，那些“盗贼们”会在朝廷的威慑下，作鸟兽散。但实际情况恰恰相反，“盗贼们”是越打越多，似乎没完没了。这让章邯一时没了主张，下一个该打谁呢？章邯问自己，也问幕僚们。

有人说打楚国，楚国最强，“擒贼先擒王”。有人说打韩国，韩国最弱，“半夜吃桃子拣软的捏”。也有人提出了其他各种不同意见。

章邯让幕僚们讨论，一番激烈的争论后，大家逐渐统一了意见：六国之中，楚国实力强而路也远，先打的话会很辛苦，要是败了恐怕连翻身的机会都没有了；韩、魏最弱，可以先打，灭掉他们之后，再向齐、赵用兵。齐、赵没有进取心，外强中干，不难拿下；最后再集中兵力合围强大的楚国。

章邯认可了这个建议，但他心里也很清楚，六国之间虽然时不时会来点小摩擦，但毕竟是利益共同体，无论攻打哪一国，都有可能面临同时跟六国作战的风险。因此，他在亲自带兵攻打魏国的同时，又令王离带领二十万人攻打燕赵两国，以起到牵制作用。

魏王魏咎得知章邯进攻的消息后，十分忧心，连忙将此时已快要歼灭刘邦的周市从沛县战场撤回，并派出使臣向齐楚两国求救。

闻听魏国有难相求，齐王田儋深知唇亡齿寒的道理，二话不说，留下堂弟田荣守城，自己引兵十万来救。相对齐国来说，楚国救魏的积极性不是很高，项梁只派出项佗带一支队伍前去援助。

没几日，章邯的秦军进到临济（今河南封丘）附近驻扎下来，周市则引军六万驻扎在临济西北。

周市固然是个聪明人,但他同样犯了聪明人容易犯的毛病——自负、固执而又独断专行。尽管此时的章邯在与各路义军的交战中占尽了上风，他却对章邯很是不屑，认为章邯先前取得的胜利不过是侥幸得来而已。而今章邯碰上了自己，就跟老鼠碰上了猫没什么两样。

对于周市的轻敌，周围的人碍于周市的权势和地位，都不敢言语，唯有刚刚投降的雍齿不知深浅，好心提醒了他几句。没想到周市却勃然大怒，令人将雍齿用乱棍打了一顿。

人啊，总是拥有时不知珍惜，失去时方知可贵。这时的雍齿不禁念起了刘邦的好，连肠子都悔青了。可惜，后悔药不是那么容易吃的。现在，沛公那边不能回，周市这边也不能待了，思量之下，他一溜烟跑去河北投奔了赵国。

周市听说后，倒也不在乎，反正有你不多，无你不少，爱走不送。

所谓性格决定命运，自负的人往往死于自不量力。

周市不但自负，胆子还超级大。当天晚上，他便决定派兵去劫章邯的大营。

自古以来，劫营都是个非常危险的活儿。之所以危险，是因为很容易陷入重围，行军打仗最忌讳的就是陷入敌人的包围圈，那可是四面受敌。能够劫营成功，要么兵力远胜于对方，要么对方将领是个白痴。可惜这两个条件，周市一样都不具备。

当周市兵分三路偷偷摸进章邯大营时，却发现大营里寂静无比，连个鬼影都看不到。

原来，周市的小心思早就被能征善战的章邯摸得一清二楚。结果可想而知，中了埋伏的周市军队死伤大半。

这下周市终于知道章邯的厉害了，再也不敢盲目出战，每天像只缩头乌龟一样老老实实待在营寨里，静待援军的到来。

数日后，田儋率领齐国援军赶到，项佗则还在半道慢条斯理地欣赏着风景。

章邯想趁齐军立足未稳，打他个措手不及。没想到田儋手下大将田横好生了得，秦军苦战数个时辰，竟然占不到一丝便宜。

章邯见势不妙，只好鸣金收兵。夜色已晚，伸手不见五指。章邯认为齐军远道而来，白天又打了一仗，一定人困马乏；加之正值寒冬，齐军白天小胜后必然有所懈怠，晚上一定睡得很香，此时不劫营，还待何时？章邯立刻命令秦军趁着夜色的掩护对齐军发动了偷袭。

一切来得太突然了！睡得正香的齐军将士毫未察觉，许多人还在睡梦中就被秦军像砍西瓜一样砍掉了脑袋。齐王田儋也是在乱军之中慌不择路，被章邯一刀给劈了。残败的齐军最后在田横的率领下，好不容易逃到了东阿（今山东东阿）。

大胜齐军之后，秦军大将司马欣建议章邯一鼓作气，把吓破胆的周市也一并干掉。

章邯听从了他的建议。做好部署之后，秦军于次日开始攻打周市营寨，周市抵挡不住，从东面撤退，这是章邯故意将东面留出，逼周市从这面撤退，而他早已在此处设下埋伏，此处便是周市的葬身之地。

蠢头蠢脑的周市果然从东面冲了出来，正当魏军将士在感慨天无绝人之路的时候，忽然秦军从四处高地冲杀出来。魏军已是胆战心惊，哪敢交战，大家只能四散逃命，战场上极度混乱，乱军之中，周市被杀。

周市阵亡，魏国的天已经塌了一半。

章邯丝毫不给魏国以喘息之机，立即命令大军进逼临济城，将其围了个水泄不通。

绝望中的魏咎登城远望，魏都已变成了一座孤岛。

“一切都不可能挽回了。成王败寇，荣辱悲欢。我这一生也算尝够了。”魏咎一边回首过往，一边用拳头轻轻擂了擂自己的胸口，然而用坚定的语气说道：“是该我做出决定的时候了。”

危难关头，魏咎终于显示出了男儿本色，他派人告诉章邯，只要他放过城中的百姓，自己愿意投降，并当众自杀。

魏咎心里很清楚，临济城的百姓，是帮过他抵御秦军的，算是他的造反合伙人，按秦朝的律法，都是反贼，城破后是要全部被杀头的。

兴，百姓苦。亡，百姓苦。经历了千古风霜，他们何曾为自己真正活过?

魏咎虽然只是历史尘埃中的一个不起眼的人物，但他的这一举动足以让后人肃然起敬。

也许是惺惺相惜吧，杀人如麻的章邯此刻也对魏咎充满了敬意，答应了他的请求。其实章邯内心是不愿意看见魏咎赴死的，但他没有办法，他既没有赦免魏王的权力，而且他也必须对朝廷有个交代。

双方交接完毕，魏咎沐浴更衣，爬上城楼，最后看了一眼心中热爱的故土，然后在千万双眼睛的注视下，从容自焚而死。满城百姓无不痛哭哀叫。

魏咎死后，章邯兑现了自己的承诺，撤了军，对临济百姓秋毫无犯。此外，他还做了一件好事，那就是放了后来名动天下的贤臣陆贾。

至此，复国后的魏国算是再度灭亡了。复国后的齐国虽然还存在，却也元气大伤。留守齐都临淄的田荣为了防止齐国全线崩溃，将留守重任交给了大臣田角、田间兄弟俩。他自己则带领一万将士到东阿与田横汇合。虽然堂兄田儋战死，但自己的亲弟弟田横能够逃过一劫，对田荣来说，也算是个莫大的安慰。

战争年代，亲情尤其弥足珍贵。

然而让田荣始料不及的是，兄弟俩在这边团聚的时候，后院却起了火。

原来，田儋和田荣、田横虽然也是齐王的子孙，但与战国时期最后一个齐王田建却并非血亲，中间已经隔了很多代。因此，齐国有很多人并不认可田儋几兄弟当政。当田儋战死、田荣兄弟据守东阿的时候，同为齐王宗室的田角、田间兄弟趁机立田建的弟弟田假为齐王，田角、田间兄弟则一为相国，一为将军。

闻听后院起火，田荣虽然大为恼怒，却又无可奈何。眼见章邯的追兵马上就要到达东阿，田荣已别无选择，只能派人火速向屯兵彭城的项梁求救。

由于此前章邯攻打魏国时，项梁派出的人马尚在半路，魏国便已被章邯所灭，这让项梁心里很是过意不去。加之他也很明白，如果齐国再度被章邯所灭，下一步章邯就将集中优势兵力对付楚国和其余三个弱国。如此一来，秦国很可能梅开二度，再次上演一统六国的不朽传奇。

情势既已如此危急，项梁自然不敢轻率大意，他立刻亲率大军十万前去东阿会战。

此时的东阿城，早已被章邯大军团团围住。但在田荣兄弟的正确指挥下，东阿百姓同仇敌忾，奋死守城，竟然打退了秦军的多次冲锋。

项梁领军到达东阿附近，估摸这章邯精于用兵，贸然进攻胜算不大，于是就对章邯军采取了反包围策略。

这边田荣看到项梁赶到并包围了章邯，立刻令城内守军倾巢出动，狂攻章邯。项梁见状，也令部队从后背攻击章邯。章邯终于顶不住双方凌厉的攻势，向濮阳方向逃去。

眼见令无数义军吃尽苦头的章邯居然成了手下败将，项梁兴奋得就像一只饥饿的老虎看见了一只肥硕的绵羊。他一面狂追，一面派人命令项羽和刘邦率军赶往濮阳东，准备合击章邯。

从前百战百胜的章邯终于尝到了被人追着打的滋味，不过他一点也不慌张，而是沉着冷静地指挥秦军逃到了濮阳城内。

天堂有路你不走，地狱无门你偏来。看见章邯居然率军跑到濮阳城内，项梁不禁心想：你章邯就算是一只老虎，我今天也要把你打成病猫！然后立即和已经赶到的项羽、刘邦，分兵围困濮阳城。

可惜项梁高兴得实在太早，完全低估了章邯的军事才能。

逃到濮阳城后，章邯立马做了两件事。这两件事不但让章邯保住了性命，还让他再次振作起来。第一，紧急调动各路秦军集结濮阳。第二，挖河堤灌水填满濮阳城外的护城河。

如此一来，濮阳城一时成了烫手的山芋，项梁想吃，却又因兵力匮乏无从下口。不得已，项梁只好向田荣和赵国发出了派兵援助的请求，希望他们能帮助自己击败章邯。

只可惜项梁又算错了一步棋，他没有想到人心会变得如此之快，此时的田荣已不是数日前那个可怜兮兮地向他求救的田荣了。

原来项梁救了田荣后，田荣马上率兵回到临淄赶跑了田假、田角和田间。齐国的王位重新回到了田荣家族手中。田荣于是立田儋之子田福（一说田市）为齐王，自己任相国辅佐田福，又任亲弟弟田横为大将军，统率齐国所有军队。

这时候的田荣开始跩了起来，他对项梁派来的使者说："要我们帮着打章邯可以，但你们得答应我一个小小的要求。"

使者问："什么要求？"

田荣说："田假和田角、田间两兄弟不是分别跑到你们楚国和赵国去了嘛，只要你们楚国杀了田假，同时要求赵国杀了田角、田间，我们齐国就马上出兵打章邯。"

项梁听了使者的汇报后，勃然大怒道："这忘恩负义的东西也配向我提条件？当初若没有我救他，他早被章邯丢到河里喂王八了。"他断然拒绝了田荣的要求。

田荣还真说到做到，项梁不肯杀田假，他就真的不出兵。

项梁很生气，无可奈何之下，最后只好搬出楚怀王，希望由他出面请求田荣派兵支援。

楚怀王不敢怠慢，立即派使者赶赴临淄对田荣说："田假毕竟是齐国正统王室，而且是在走投无路的时候才来向我们请求政治避难的，杀掉他是不义之举。"

楚怀王这段话不仅是为田假说的，其实也是为自己说的，潜藏的意思很明显，他也是王啊，保不准哪一天他也落难了，是不是别人叫你杀我，你便要将我杀掉呢？

没想到田荣油盐不进，态度生硬地对怀王的使者说："回去告诉你家大王，我书读得少，不懂那些弯弯绕绕的大道理，反正不见田假、田角、田间三人的人头，我是不会发兵的。"

田荣之所以如此不顾所谓的"道义"，其实还是有他苦衷的。一则他根本就不想派兵去与秦军精锐部队交手，以免损害自己的实力；二则田假、田角、田间三人不除，就始终是个隐患，随时都有可能威胁到自己的地位，所以他才想借他人之手消除隐患。

这次项梁不再愤怒了，因为他已没时间愤怒。由于章邯的援军即将赶到，攻打濮阳已不可能有胜算，项梁已将目光投向另外一个目标——定陶。

与此同时，项梁又命项羽和刘邦攻打雍丘（今河南杞县）。

后来的战局证明项梁这个决策是正确的，他攻定陶攻破秦军，项羽和刘邦则一路凯歌，向西推进了一百多公里，并在雍丘斩杀了秦军主帅李由。

这一回合的较量，明显又是项梁占了优势。项梁扳起手指算了一下这段时间的账：在东阿赶跑章邯，围困章邯于濮阳，攻定陶斩杀秦军无数，李由在雍丘被杀。自陈胜死后，谁在与秦军的战斗中取得过如此辉煌的成绩？

项梁不禁仰天长笑，得意非凡。他开始与将士们把酒言欢，夜夜笙歌起来。

项梁一得意，宋义就心跳。

宋义，楚国人。读过些兵书，对兵法有自己的见解。秦末大乱后，趁机聚众起义，后来转投项梁，被封为令尹。

宋义之所以心跳加速，当然不是因为嫉妒项梁的得志，而是他很清楚，章邯龟缩养兵，并不等于软弱无能。瘦死的骆驼比马大，秦朝还不至于这么快就灭亡。只要胡亥还有能力保障章邯的后勤供给，那么楚军就不可能高枕无忧，项梁就没有资格沾沾自喜，麻痹懈怠。战争是残酷的，因得意而懈怠的人，不可能有好下场。

想到这些，宋义便忧虑地对项梁说："打了胜仗，将骄卒惰者必败。现在士卒怠惰，秦兵日增，老朽很为将军担心啊！"

项梁正高兴着呢，突然听宋义这么一说，觉得这个人是不是老糊涂了，竟说些大煞风景的话。当下便有些不高兴地对宋义说："章邯的事你就不用操心了，你要是觉得闲得慌，那就去齐国走一趟吧，再做做田荣的思想工作，你不是很擅长干这个吗？"

宋义只好出使齐国。

在去往齐国的路上，宋义遇见了从齐国出使到楚国的使者。

宋义问齐使者："你要去见项梁吗？"

齐使者："是啊，老先生有何见教？"

宋义没好气地说："我是觉得项梁快要大败了，劝您还是慢点走，多欣赏一下路上的风景。你要是走快了，不但风景看不成，恐怕连逃亡的机会都没有了。"

齐使者虽然半信半疑，但还是听从了宋义的劝告，放慢了脚步，后来果真捡回了一条小命。

实事求是地说，宋义并不是一个有多大能耐的人，但他绝对是一个有远见的人。

人无远虑，必有近忧。只可惜项梁知道这话太晚了。就在他挥师南下攻打定陶时，兵力得到调整的章邯已悄悄尾随其南下。正当项梁与将士们在兴高采烈地大摆庆功宴时，章邯已完成了军事集结，准备对项梁发动一场绝地反击战。

这天晚上，大地一片漆黑，章邯让秦军士兵口里含着树枝急行军（以免口中发出声音，谓之“衔枚疾进”），他们直奔楚军大营而去。

这时的项梁和他的将士们，仍然沉浸在胜利的喜悦中，喝酒的喝酒，睡觉的睡觉，唱歌的唱歌，全然一副歌舞升平的景象，而身为一军统帅的项梁也是喝得烂醉如泥，此时的他正在牙帐中鼾声如雷。

章邯率军悄然接近楚军营寨，见楚军果然防备松懈，心中暗喜道：“真是天助我也！”当即一声令下：“杀！”

在东阿被项梁军追赶得满地逃窜的秦军早已憋了一肚子气，立刻恶狠狠地扑向猝不及防的楚军。结果可想而知，曾经勇猛无敌的雄狮变成了一群待宰羔羊。

楚军阵营里一时火光冲天，哭声振天。

在牙帐里的项梁刚被惊醒，眼睛还没睁开，一名秦将飞马过来，手起刀落，可怜一世英雄就这样永远地睡了过去，再也看不到“革命”胜利的那一天，实在是可悲可叹。

项梁已死，楚军士卒更是成了无头苍蝇，到处乱窜，被秦军斩杀无数。

次日黎明，章邯踏着一地的尸体，登上定陶城，意满志得地仰望东方。此时，一轮红日正慢慢升起，万山红遍，层林尽染。章邯都分不清哪里是鲜血，哪里是霞光。唯有一件事他很明确，那就是项梁已经死了，剩下的义军已不足为虑。

只可惜，后来的事实一遍又一遍地打了章邯的脸，因为他没有料到的是，一个项梁倒下了，还有千千万万个项梁站起来。而且，青出于蓝胜于蓝，一代更比一代强。

不安现状的楚怀王

为了改变自己“橡皮图章”的形象，有点想法的楚怀王决定努力一把……

章邯准备偷袭项梁的时候，刘邦已在雍丘将李斯儿子李由斩杀，并和项羽一同攻打外黄（今河南民权境内）。然而外黄久攻不下，二人只好掉头攻陈留（今河南开封境内）。这时，项梁战死的消息传来。

二人心想：连项梁都战死疆场了，咱们离灭亡不很近了吗？恐惧像孙悟空的紧箍般紧紧套在楚军头上，吓得他们只有一个念头——跑，跑得越远越好。

刘邦和项羽也无心恋战了，他们带着楚怀王向东逃去，顺便把楚国都城从盱台搬到了彭城。

为了防止章邯追打过来，楚军跑归跑，但布防还算到位。吕臣守彭城东，项羽守彭城西，刘邦守砀县，组成了一个牢固的铁三角。

此时，楚国的盟友魏豹也在西线密切注意着章邯军队。魏豹果然是一条汉子，没有愧对其父给他起这么一个勇猛的名字。当初他被项佗所救，在楚国只经过了短暂的休整，便率军回到魏国。一路横冲直撞，不过几个月，竟然从秦军手里夺回了二十几座城市。

楚怀王见魏国终于后继有人了，便立魏豹为新魏王。

此时的局势是楚军前迎，魏豹后抄，大家各就各位，屏气凝神，静待秦军的到来。

然而大家左等右等，却连秦军的影子都没见着。难道章邯怕了，当了缩头乌龟？

当然不是。

其实章邯有自己的想法。在他看来，其一，楚军最牛的首领项梁都被我干掉了，魏国也被我灭过一回了，再跟你们这些手下败将玩下去还有什么意思？灭你们还不是指日可待？作为一位注重效率的领导，章邯始终认为，干工作要分得清主次和轻重缓急，不能眉毛胡子一把抓，更不能捡了芝麻丢了西瓜。

其二，这跟章邯好胜的性格有关。对于渴望成为一名英雄的人来说，章邯内心深知，一个人打死一只兔子算不上什么英雄好汉，但如果打死的是一只老虎呢？

因此，喜欢挑战困难的他决定重新寻找一个够分量、配得上与自己做对手的人，以此来实现自己的英雄梦。

想来想去，章邯选中了赵王赵歇。

其实赵歇在章邯眼里根本不算什么，章邯真正想干掉的，是他的后台——张耳和陈馀。

当初张耳、陈馀侥幸从李良之手逃脱，之后，他们马上纠集残兵，重整旗鼓，并立战国末代赵王的后裔赵歇为新赵王。随后，张耳、陈馀率军击败李良，逼得李良最终投降了章邯。

实际掌控赵国大权的张耳和陈馀一直让章邯很忌惮，他早就想拿他们开刀，但先前一直腾不出手来，现在终于有机会了，他怎会放过？

眼见章邯一路向北而去，楚国上下总算松了口气，只是这口气并没有松多久。

人好像天生有一个缺点，一闲下来就容易出毛病。这不，强敌刚一撤退，闲下来的楚国内部便出现了问题。

众所周知，楚怀王并不是靠自己的能力或资历成为楚王的，而是由项梁出于政治目的“所立”。项梁在世的时候，楚怀王只有签字的权利，没有拍板的权利。也就是说，无论任何军国大事，都由项梁决定，而楚怀王只要盖章签字即可。换句话说，楚怀王就是一个“橡皮图章”。

楚怀王如果只是一个傻子、纨绔子弟或者不懂事的小孩子，那他一定会觉得奇爽无比。

问题是，楚怀王不是这样的人。

其实在很多事情上，楚怀王都有自己的意见，但他只能憋藏在心里。

所以，项梁活着的时候，楚怀王活得很憋屈。

他不甘心，但他没有任何办法扭转这一切，只能坐等机会。

如今项梁死了，楚怀王认为机会来了。经过分析，他认为吕臣和项羽太过锋芒，不太可靠，而刘邦是可以信赖的。

仔细盘算后，楚怀王终于出手了。在一天的朝会上，他宣布合并项羽和吕臣的军队，自任大将军，将兵权收归己有，刘邦军队则不做变动。为了弥补项羽和吕臣的不快，楚怀王又同时下令给项、吕二人封了一些看似“高大上”，实则有名无实的荣誉称号。

就这样，经过一番明升暗降，楚怀王貌似掌控了楚国大权。

看起来，楚怀王的计划很缜密，他的手段也很合理，他的收获也很不错。但他忽略了一点，身处乱世，军权在不在手不是看那颗大印和名号属于谁，而在于部下是否忠诚于自己。

我们知道，楚军的核心为江东子弟，楚军的猛将们也都是跟着项氏家族起兵的，项氏族人在楚军中也占据了很关键很重要的位置。而楚怀王呢，自始至终不过都是自己一个人在玩儿而已。因此，当楚怀王兴高采烈地收归兵权时，项羽什么都没有说，只是一直在笑，冷笑。他实在弄不明白，楚怀王到底在瞎折腾什么？

楚怀王一点都没有看出项羽嘴角的那丝嘲笑，继续按照自己的意志办事。

这个时候，那个曾在路上与宋义相遇的齐国使者终于磨磨蹭蹭地来到了楚国，并拜见了楚怀王。

也许是感激宋义的劝告让他躲过了一劫，甫一见面，齐国使者就立马向楚怀王举荐宋义，不断地诉说那老头是多么的英明神武，多么的神机妙算，如果楚怀王用他，一定大事可成。

正为缺少心腹之人而发愁的楚怀王很高兴，立刻召宋义前来面见。

宋义也不客气，见了楚怀王后就开始侃侃而谈……

读书不多的楚怀王见宋义摇头晃脑的样子颇有圣贤之风，大喜过望，觉得这样的人才不用，简直就是暴殄天物，于是立即任命宋义为上将军，项羽为次将军，范增为末将军。其他各部也都归宋义统领，号称“卿子冠军”。

平心而论，楚怀王求贤若渴的态度是值得认可的，但这种不考虑实际情况的用人策略是有问题的。想想看，一个在军中毫无威信和根基的名义统帅，偏偏要找个手下无一兵一卒的老头子做帮手，他们上演的“二人转”，除了自娱自乐外，还能起到什么效果？

楚怀王实在是太天真了。这种培养势力的伎俩，除了能糊弄自己，恐怕连鬼都糊弄不了！

不过，如果一定要说楚怀王是多么的昏庸，也不尽然。事实上，这一时期的楚怀王还真做了一件极富智慧的事。而这件事，深深地影响了中国历史的进程。

这件事情其实很简单，总结起来就一句话：他立了个约，即历史上著名的“怀王之约”。

此时，章邯在斩杀项梁之后，率二十万大军渡过黄河，相继攻破赵国故都邯郸、新都信都（今河北邢台），而赵王赵歇与丞相张耳则带着残兵败将向北退守至巨鹿（今河北平乡），并向各路诸侯求救。

一时间，黄河以北战云密布，在巨鹿以南百里的棘原（今河北大名），有章邯率领的秦军关中主力二十万；在巨鹿城下，有秦将王离率领的秦军北方兵团二十万，两路大军总共四十余万，秦帝国大半军事力量几乎全用上了。几仗下来，赵军粮尽，人马死伤过半，赵国危在旦夕。

如前述对新复国的六国关系的分析，诸侯不救赵，赵必亡，接下来就会殃及自身。

可是秦军如此势大，谁敢去惹，就连鼎鼎大名的项梁惹了他们都没好下场，谁还敢去强出头？

当时，六国诸侯中唯楚、齐、赵三国最强，而齐国的主政者田荣与赵国和楚国都有矛盾，再加上齐国自战国后期起就有不救诸侯的“光荣传统”，所以齐国一兵一卒都不肯发。

算来算去，如今能救赵的，就只有楚国了。

面对这个紧急情况，楚怀王立刻召开军事会议，商量对策。

说是开会，其实楚怀王的心腹宋义早已拟定了全盘作战计划，这个计划若能成功，楚怀王不仅能灭掉暴秦，还能诛杀项羽，甚至可以兼并赵地，从而使自己成为类似于从前西周天子那样的名副其实的天下共主。

宋义的计划，就是后世所称的“怀王之约”。

“怀王之约”的主要内容大致包括以下三个方面：

其一，反秦战争的基本目标是复兴六国，诛灭暴秦。

其二，六国政权的建立在于王政复兴，即恢复被暴秦所中断的各国旧王族的政治权力。

其三，暴秦政权必须摧毁，但秦国（意即战国时期的秦国，主要领土为关中之地）将予以保留。新的秦国之王（即关中之王），由首先进入关中、摧毁暴秦政权的功劳者出任。也就是后人概括的“先入关者为王”。

“怀王之约”一方面是对于已经形成的天下政局的肯定和确认；另一方面，在肯定了陈胜起兵以来六国复兴的同时，也对陈胜所开创的平民王政作了批判和修正，杜绝各种实力人物通过扶持各国王政复兴而擅自称王。

同时，对于当时群雄并起，各路豪杰争相立功求进的愿望，“怀王之约”作了正面而富有诱惑的引导：不分贵贱，不论国别，首先攻入关中灭亡暴秦者为秦王；对于最有野心和实力的人物，秦国王位虚位以待。

应当说，作为天下公约，“怀王之约”是反秦阵营的行动纲领和计划蓝本，对未来历史影响极大。

“怀王之约”一经推出，与会的各路英雄豪杰均无异义。接下来的问题是找谁入关作战。此问题一经抛出，热闹非凡的殿堂顿时变得鸦雀无声，诸侯们都默默低下了头，生怕楚怀王挑中了自己。

按理说，关中秦地沃野千里，农业发达，人口稠密，民尚耕战，而且四塞险固，易守难攻，绝对是称霸天下的帝王之资。那么，面对这块诱人的蛋糕，诸侯们为什么不愿意去品尝呢？

其实，这也是一块危险的蛋糕。

明眼人都知道，当时秦军尚强，精锐犹存，加之章邯等人要勇有勇，要谋有谋，要想彻底拿下它并非易事。何况即便历尽千辛万苦攻入关中，这块蛋糕也不那么好啃，秦人被嬴氏统治了近六百年，他们能乖乖服从一个楚人的领导吗？如用暴力手段压制秦人，则容易激起民变，到时候恐怕会落得跟暴秦一样的下场；如用怀柔政策笼络秦人，则又容易引起诸侯不满或者楚怀王的猜忌，以为你有觊觎天下之志，而联合其他诸侯国一起来对付你，这些就更糟糕了。另外还有秦国的府库、珍宝、宗族、降兵，到底要如何处置，也都非常难办。宗族、降兵，要杀？要留？府库、珍宝，要独吞？还是献给楚怀王？或者分赠诸侯？总之问题一大堆，千头万绪，一个没处理好，就得栽大跟头。

所以，如果没有超强的政治能力与军事能力作为“金刚钻”，谁敢揽这个麻烦之极的“瓷器活”？

其实也有人揽，这个人就是不知天高地厚的项羽。

项羽看着那些低头不语的人，心中充满了鄙夷，他为了早点报杀叔之仇，主动请战。

心怀鬼胎的诸侯们一看竟有人替自己去死，当然很高兴，然而楚怀王却不乐意。楚怀王最不希望揽这活的人，恰恰就是项羽。想想也是，他好不容易夺了项羽的军权，怎么可能再让项羽有翻身的机会？

于是在楚怀王的暗示下，宋义等人一句话就剥夺了项羽的揽活权力。

他们说项羽为人狠毒，又干过屠城之类的残暴事，如果派他去统治关中，那不等于把老百姓往火坑里推吗？这岂不是与我们揭竿而起的初衷相违背？还是派刘邦去比较好。沛公虽然有些痞性，好歹还算仁厚，他去了，一定能够团结当地百姓，共创关中和谐社会。

其实刘邦亦非善类，同样干过屠城之类的龌龊事。不过在楚怀王看来，刘邦威望能力都远逊项氏，比较好控制，就算他真的把关中吞到了肚子里，怀王也有把握让他再吐出来。

因此，虽然年轻气盛的项羽一再请战，楚怀王还是坚持让刘邦前去。

项羽很恼火，但在众诸侯面前，他也只能暂时压住怒火。

从这件事上可以看出，楚怀王虽然志大才疏，但相比他的爷爷老楚怀王，还是颇有些头脑和魄力的。

只可惜,他的这个决定改变了许多人的命运,却没能改变自己的命运。

大患未除，反失心腹

楚怀王原本想觅机除掉项羽这个心腹大患，没曾想大患未除，心腹却失掉了……

楚怀王主持召开的军事会议刚刚结束，刘邦二话不说，立刻就投入西入关中的准备工作中去了。

项羽这边也没闲着，楚怀王给了他一项新任务，让他为副将，范增为末将，随同主帅宋义率楚军主力北上援救赵国。

其实这又是楚怀王的一个诡计，他认为宋义和范增都是拥立他的元老，宋义更是他的心腹，派他们一左一右夹住项羽，再寻机除掉项羽，那就再也没有任何人能威胁到自己的权位了。这个方法虽然危险，但值得一试。

另外，楚怀王派宋义去救赵，除了有唇亡齿寒的危机感外，还有一个更大的目的，那就是坐山观虎斗，想等秦军灭掉赵国元气大伤后，他再来个“螳螂捕蝉，黄雀在后”，联合齐国消灭秦军，与齐共分赵地。至于那个刘邦，就让他跟秦二世斗个两败俱伤吧，最后再让宋义率大军收拾残局即可。

若真如此，楚怀王的目标就都实现了，天下将迎来一个崭新的后楚时代，他将像从前的周天子一样，主宰分封天下的权力，自己的子孙们，则将蜂拥而出，在天下各个角落建立他们的封国。

楚怀王这边正做着美梦呢，项羽却在那边闷闷不乐。

不知为什么，项羽总是对自己的新任上司宋义看不上眼，他早就知道楚怀王不会让自己当主将，但为什么一定是宋义呢？这个人在楚国一直干的是参谋和外交之类的工作，从来都没单独带兵打过仗啊？他预感到这里面一定有阴谋，至于到底是什么样的阴谋，他一时又想不出。

秦二世二年的冬天很快来到了，宋义带领楚军由彭城誓师出发，北上救赵。楚军北上走沛县、胡陵、亢父，进入无盐县（今山东东平）附近的安阳时，宋义下令就地停驻，不再前进。

项羽原以为只是短暂休整，没想到楚军在安阳停驻了四十多天，宋义始终没有出兵的意思。

项羽心急，就对宋义说："眼下秦军围困赵王于巨鹿城，如果迅速渡河北上，楚军从外面攻击围城秦军，赵军从里面展开攻击，秦军受夹击必定会被击溃。"

宋义看了一眼项羽，心想，你这毛头小子懂啥？于是语带轻蔑地说："夫搏牛之虻，不可以破虮虱"。很明显，宋义在这里把强秦比喻为虮虱，把秦将章邯的军队比做虻虫。他的意是说，既然楚军最终目的是要打败秦国，那么就不应当顾虑正在围剿赵国的章邯军队，而应先按兵不动，坐观秦赵二军对垒，然后再相机行事。

接着宋义又明褒暗贬说了一段话："论披坚执锐，陷阵杀敌，我宋义固然不如项将军，但要讲谋略，项将军恐怕就要逊在下三分了。"说完这番话后，宋义不容项羽再发表意见就立即下令："军中之人，无论多么勇猛，若不听号令，一律斩首。"这实际上是直接以军令约束项羽。

项羽西向进攻关中的请求被楚怀王拒绝，迅速北上救赵的请求又被宋义驳回，他对怀王和宋义的不满可想而知。以项羽的脾气，他的爆发不过是早晚的事。然而，宋义对此却毫无察觉。

天气越来越冷，一阵阵北来的寒风，吹得衣着单薄的楚军将士瑟瑟发抖，可宋义的心里却温暖如春。因为就在这个时候，宋义与齐国的关系有了重大进展，齐国接受宋义的推荐，决定聘请他的儿子宋襄到齐国为相。

宋义大为高兴，不但要亲自把儿子送到楚国和齐国的边境无盐县，还在临行之前不顾领导形象，大摆宴席为儿子践行。

宋义的行为，引起了楚军内部的强烈不满。项羽觉得这是个千载难逢的除掉宋义的好时机。于是就在宋义去无盐期间，召集军中的心腹将领们说："赵国形势紧迫，亟待各国攻秦救援，但宋义却自以为是久留不前，还说什么以逸待劳，坐收渔翁之利。现在秦军这么强大，赵国肯定顶不住他们的进攻。秦军打败了赵国，会更加强大，又何来疲惫一说？我叔父刚刚打了败仗，楚怀王把楚国全部军队交给宋义，国家安危在此一举，他却没半点危机感。如今天寒地冻，军中缺食少衣，他不去救赵取粮，却还有心为儿子大摆宴席，这样的人多活一天，就会多祸害楚国一天……"

项羽一席话说到了楚军将士的心坎上。是啊，宋义不死，楚国会不会亡我们暂且先不说，但只要他多活一天，我们就得多挨一天饿，多受一天冻。既如此，那就杀吧，大家一致同意除掉宋义。

几日后的一天早上，送子归来的宋义召集诸将开会。就当宋义准备发言的时候，项羽"噌"的一下窜到宋义面前，还未等宋义反应过来，他已手起刀落，将宋义的头颅砍落于地。

空气仿佛窒息了一般，诸将个个呆若木鸡，不知所措。项羽弯身拎起宋义的头对大家说："诸位不必惊慌，宋义与齐国相谋反楚，楚怀王秘密命令我干掉他！"

只要对中国历史有所了解的人都知道，自古以来，无论是谁，只要被当权者扣上谋反大帽，那就必死无疑。不过项羽给宋义安的这条罪名也不是信口胡编的。原因很简单，当初项梁费多少力气向齐国请兵打章邯，田荣就是不肯答应。如今宋义才做上将军几天，儿子就能去齐国当丞相，那肯定是宋义与田荣之间已经达成某种不可告人的协议，这不是谋反罪是什么？

当然，这不过是项羽的推测，并没有任何确切的证据证明宋义要谋反，但这已经够了。无数次生活经验告诉我们，虽然许多时候人们并不相信某件事情是这样子的，但只要你能给他们提供一个美丽的说辞，他们就都很愿意接受这种美丽的谎言。人心，有时候真的很难揣摩。

接下来的剧情完全是当初吴中豪杰拥戴项梁为会稽郡守一幕的重

演。只见诸将全部站起来拥护项羽说："您诛杀乱臣贼子实在是大快人心。现在既然宋义已死，就请您做上将军统领全军吧！"

项羽开心地笑了，这是胜利者的微笑。

当然，从程序上说，此时的项羽要想合法地当上上将军，还必须由另外一个人点头并且签字同意才行，这个人就是楚国名义上的君主楚怀王。在没有得到楚怀王正式答复之前，项羽只能被称作代理上将军。项羽一时也顾不上那么多了，还是办正事要紧。

砍掉宋义后，项羽的下一个目标是把宋义的儿子宋襄连根拔掉。项羽派出的追兵一直追到齐楚两国边境线上才将宋襄追上。这位可怜的年轻人连齐国相印还没碰着就被别人一刀送上了天。

除掉后患后，项羽觉得可以办他的上将军转正手续了，便派出使臣回彭城向楚怀王禀报此事。

怀王很失望。原准备伺机除掉项羽，谁曾想愿望没达成却反倒失去了一大心腹，真是"偷鸡不成反蚀一把米"。

怀王更伤心。所谓"将在外，君令有所不受"。才刚刚开始将手伸向楚国核心权力区域的楚怀王拿项羽能有什么办法呢？他心里很清楚，只要项羽愿意，他可以找出一万个像自己这样的人来做楚王。更何况，如果自己胆敢不依，后果无非两种：被杀或被换。

所以，无论楚怀王有多么不甘心，他也只能接受既成事实，任命项羽为上将军，领兵救赵。

一切看起来都很符合项羽的期望，接下来自然就是他大展身手的时候了。

一战威名成

经巨鹿一战，项羽不但打出了威风，还由此奠定了自己一世名将的历史地位……

干掉宋义后，项羽马不停蹄地指挥楚军向巨鹿挺进。

然而此时的项羽却发现了一个问题，那就是虽然他已名正言顺地当上了上将军，将士们也很拥戴他，但对他能否战胜秦军却持怀疑态度。

这让项羽很不爽。他一边冷笑一边恨恨地想：必须要好好地打一仗给这帮家伙看看，让他们知道我这新任楚国上将军可不是吃素的。

项羽之所以如此有自信，是因为他看出章邯和王离这两股庞大势力，并非不可战胜，只要击中他们的软肋，他们必死无疑。

秦军的软肋，正是章邯为王离修的运粮用的甬道。项羽认为，王离的力量之源正是这条粮道。只要切断粮道，他们就成了无米下锅的饿兵，那么王离就只有被动挨打的份了。退一步讲，章邯大军就算倾巢出动为王离守护粮道，可是甬道那么长，他能守得住吗？就算守住了，势必要分散兵力，我们不就可以逐个击破了吗？

主意既定，项羽立刻派出蒲将军和英布前去捣毁王离的命根子——甬道。

虽然史书只记载了蒲将军之姓而未记其名，但他还真有些名堂，与英布一起率两万楚兵，很轻松地就切断了王离的粮道。

正如项羽所料，楚军一切断甬道，章邯就分兵守护和修复。然而蒲将军和英布似乎天生就是破坏大王，章邯修东墙，他们就拆西墙；章邯修西墙，他们就拆东墙。弄得章邯疲于应付，甚是头疼。

项羽听闻英、蒲二人破坏顺利，立即率军渡过黄河。

过河的时候，项羽下令凿沉所有的渡船，砸碎煮饭的鼎锅，烧掉居住的营帐，只带三天的口粮。

将士们虽然照做了，却都一头雾水。上将军要干什么？烧掉渡河的船，我们怎么撤退？砸掉烧饭的锅碗瓢盆，我们怎么吃饭？烧掉营帐，我们怎么睡觉？

项羽坚毅地告诉大家，那就不要撤退，不要吃饭，不要睡觉。战则胜，不胜则死！

楚军将士眼望着自己年轻的统帅，终于被他的英雄气概所感染，纷纷高呼“必胜！必胜！”

这就给我们留下了一个成语典故：破釜沉舟。

破釜沉舟的楚军兼程北上，逼近巨鹿后，迅速对王离军展开猛烈的攻击。项羽更是身先士卒，一人砍杀了数百秦军。楚军将士见自己的统帅如此英勇，自然不甘落后，纷纷奋勇冲杀。

秦军抵挡不住，只得在一片哭喊声中往后退缩。

章邯眼见王离就要溃败，赶紧引兵来救，但仍无济于事。楚军就像战神附体，一路冲杀。

谁也没想到，数月之前还一败涂地的楚军，居然会在短短时间内变得如此强大。或许这就是精神的力量吧！

就这样，一日之内，楚军与秦军连续交战九次，楚军连战连捷，破秦军甬道，拔秦军壁垒，秦军主帅王离被俘，副将苏角被杀，另一名秦军副将涉间被楚军包围不肯投降，自焚而死。

至此，巨鹿成功解围，项羽也一战成名。

确实，项羽真正成为历史上响当当的人物，起点就在此战。当时，前来救援的各路诸侯，在巨鹿城外建起的壁垒不下十余座。秦楚两军作战时，他们都站在自家的壁垒上旁观。由此也给我们带来了另一个成语典故：“作壁上观”。

楚军在战场上杀声震天，锐不可当，诸侯军在壁垒上看得心惊肉跳，大气都不敢喘。直到日头偏西，他们眼见楚军大捷，王离军败之局已定，方才省悟过来，纷纷开营出军，配合楚军攻击溃退的秦军。等到战后诸侯们拜见项羽时，他们无不战战兢兢匍匐在地，只敢用膝盖着地跪行进入辕门。

很显然，最后项羽当之无愧成为诸侯联军的总司令。

这一年的项羽才二十几岁，大好的前程也正在向他招手。

第八章

自作孽，不可活

只有永恒的利益，没有永久的同盟

当初赵高和李斯为了共同的利益结为同盟，然而当共同的利益消失后，同盟者就变成了仇敌……

项羽领导的巨鹿之战，是中国历史上著名的以少胜多的战役之一，也是秦末大起义中一场具有决定性的战役。有人说，这场战役沉重打击了秦朝的统治，也加速了秦帝国的灭亡。

这种说法当然没错，但并不全面，其实加速秦帝国灭亡的，其实还有三个人：胡亥、赵高、李斯。

赵高原是赵国贵族，因身强力壮，精通狱法，被秦始皇收入宫中为宦官（秦时的宦官大多是一种职务，他们任职于宫内，相当于皇帝的亲近侍卫。他们并不一定是阉人，与后世的太监有所不同）。

赵高善于察言观色、阿谀奉承，他很快就得到了秦始皇和公子胡亥的赏识与信任。

前文已述及，秦始皇在沙丘不明不白去世后，赵高是一门心思想让胡亥登基成为新皇帝。但赵高也很清楚，自己的力量并不够，需要得到重臣的支持，其中最为关键的便是得到丞相李斯的支持。为此赵高想方设法拉拢李斯，希望他能够同意自己的主张。

赵高口才极好，又善于雄辩，他找到李斯说："皇上逝世，给长子扶苏留下一封诏书，要他到咸阳参加葬礼，继承帝位，您是知道的。不过这封遗书已被公子胡亥扣下了，没有发出，您看怎么办？"

赵高这番话实际上是在试探李斯。

李斯一听，吓出了一身冷汗，忙说道："你所说的都是亡国的言论，人臣不应该议论这些。"

很显然，李斯对赵高有些不满。然而赵高早就对李斯的为人一清二楚。因此，他见正面游说无效，便一转话锋，问道："丞相，依您之见，在才能、功绩、谋略、取信天下以及扶苏的信任程度这几方面，您与蒙恬将军谁强呢？"

李斯沉默半晌，黯然地说："我不及也。"

于是，赵高乘机对李斯说道："您追随皇上，与长子扶苏政见不合，而蒙恬是扶苏最强有力的后盾。您自己心中有数，倘若长子即位，蒙氏得势，还有您的地位吗？"

李斯说："做臣子的只能安守本分，我也只好听天由命。"

赵高听出了李斯的弦外之音，知道李斯欲保功名富贵，利欲心很强，只是不敢贸然答应罢了，便进一步对他说道："一个人倘若不能掌握自己的命运，那他定不是什么聪明之人，识时务者为俊杰。您担心发动政变有危险，方说什么安守本分。老实告诉您吧，现在权力就掌握在胡亥手中，他想当继承人，谁违反他的旨意，就立即处死谁。您何不与我赵高一起做顺水推舟之人，以此来长保富贵呢？丞相您本是个聪明人，怎么到了关键时刻就糊涂起来了呢？"

听了赵高一番软中带硬的话，李斯已心乱如麻，经过激烈的思想斗争后，他终于选择向赵高妥协，听命于赵高的调遣，胡亥也顺利成为秦二世。

俗话说"没有永久的同盟，只有永久的利益"，这句话对于李斯、赵高同样适用。二人在特殊环境下结成了暂时的同盟，但一旦没有了共同利益，时日一久必然心生嫌隙，进而爆发残酷的政治斗争。

胡亥登上皇位没有多长时间，就开始追求奢侈淫逸的生活。赵高则通过阿谀奉承当上了郎中令。昏庸的胡亥把朝政大事全部交给赵高处理，自己不再上朝，一味寻欢作乐，决断之权逐渐落到了赵高手中。

随着权力的扩张，赵高的野心也逐渐膨胀。他不再满足于只做一名小小的郎中令，而将贪婪的眼光转向了一人之下万人之上的丞相之位。因此，除掉李斯进而取而代之的计划在他心中显得更加急迫了。

当反秦的熊熊烈火四处燃烧，农民起义风起云涌时，被蒙骗的胡亥还以为天下太平，他天天沉湎于酒色之中不能自拔。

丞相李斯对于严峻的形势忧心忡忡，想要进谏秦二世。赵高知道胡亥十分厌烦别人在他玩兴正浓的时候来打扰他。于是，每当看见胡亥歌舞狂欢，与众姬妾嬉笑取乐时，赵高就派人告诉李斯："皇上现在正闲着，你可以奏事了。"

李斯急忙去求见，接连几次，都是这样。胡亥十分生气，破口大骂道："李斯这老东西，居然敢拿朕寻开心！我没事的时候他不奏事，偏偏在我宴饮正酣之时扫我的兴致。难道他是看朕年轻，轻视朕吗？"

站在一旁的赵高立刻应声说道："哎呀！假如丞相真这么想，那就麻烦了。沙丘之谋，丞相也参与其中。如今，陛下做了皇帝，他却没捞到多少好处，一定怀恨在心。或许他是想要让陛下实行分封，封他为王吧？"

胡亥听了，脸色越来越青。赵高又压低嗓门，轻声叹息道："另外，还有一事，陛下不问，臣还不敢直言相告。"

胡亥见赵高欲言又止，马上引起了警觉，高声问道："难道又和丞相有关？爱卿但说无妨。"

赵高拜了两拜，然后故意小心翼翼地说道："丞相的长子李由现在担任三川郡太守，如今造反闹事的反贼陈胜等人和丞相本是同乡。正是由于多了这层关系，因此反贼经过三川郡的时候，李由没有组织军队攻击他们，导致事端越闹越大。臣还听闻李由和陈贼有过书信上的往来，只是还没有获得真凭实据，所以臣才不敢贸然告诉陛下。"

胡亥本就气愤异常，听完更是雷霆大发，一边大骂李斯，一边立即派人去调查李由通贼一事。

李斯获悉此事后，明白自己中了赵高的圈套。他赶紧给胡亥上疏，一面申诉自己的冤屈，一面提醒胡亥赵高有谋反之心。

但此时的胡亥早就被赵高完全迷惑，把他当作股肱心腹和尽忠贤臣。他看过李斯的申诉书后，顺手就转交给了赵高，并且还问他该怎么处理此事？

赵高看罢，假装悲伤不已，凄凄惨惨地说：“丞相父子谋反之心由来已久，他们所担忧的不过臣一人。臣死不足惜，只是担心陛下的安危啊。”

这几句“赤胆忠心”的话，胡亥听了大为受用。于是他安慰赵高说：“爱卿不必担心，有朕在这里，看谁敢动你！”

自此之后，赵高依仗秦二世的庇护，更加肆无忌惮地专擅朝纲。

偏巧此时，李斯又一次得罪了秦二世。

前已述及，与专制社会一切无能而又缺乏自信的君主一样，胡亥那里，是只能报喜而不能报忧的。但事情真闹大了，恐怕想瞒也瞒不住，各地纷纷起义的消息终于还是传进了咸阳宫。胡亥拉下脸来痛斥丞相无能，并让他拿出方案来。

这时，李斯开始犯浑。

李斯给出的对策，是加强君主专制，加重人民负担，加大责罚力度，加剧刑法的苛严。他说，如果官员和民众都自顾不暇，哪有心思和能力造反？

这当然是混账逻辑，一派胡言！

胡亥却龙颜大悦。

李斯为什么会出这样的馊主意？也许是要讨好皇帝，也许是他真没办法。但不管怎样，后果都很严重：抽税重的，被视为能员；杀人多的，被视为忠臣。路上的行人，有一半是受过刑的；咸阳的街市，有一半躺着死尸。天下原本就苦秦久矣，现在岂不更加咬牙切齿？

于是起义的怒火越烧越旺。

眼看天下大乱，已经到了几乎无法收拾的地步，李斯又做了一件傻事。

他邀请将军冯劫与右丞相冯去疾一同上奏秦二世，建议他暂停修建阿房宫，减少边境地区的戍守与转输，以此来缓解民愤。

本就对李斯一肚子怒气的秦二世，这下彻底被点燃了。他对李斯大声斥责道：“这些都是先帝创建的功业，不能停止，必须继续下去。现在我即位只有两年，就盗贼并起，这完全是由于你们镇压不力所导致的。你们身为朝廷重臣，既不想着报答先帝的知遇之恩，也不想着为朕尽忠，还有什么资格占据着丞相、将军的位子！”说完，就命人将他们逮捕。

冯去疾、冯劫十分痛心，为了免受羞辱，没多久就在狱中含恨自杀了。接着，胡亥派遣赵高去审讯李斯父子谋逆的案件，包藏祸心的赵高立即凶相毕露。他成天严刑逼供，将李斯打得皮开肉绽，体无完肤。最后，李斯实在难以承受酷刑，只得招了假供。

李斯之所以没有自杀，并不是他贪生怕死，而是因为他觉得自己是秦王朝的功臣，也确实没有谋反，以为通过上疏秦二世就会得到赦免。于是他给胡亥写了一封信，这封信名为认罪，实为辩诬，倒是很值得一读。

然而这些都没有用，上疏之路早已被赵高所操纵，“认罪书”自然也落入了赵高手中。恣意妄为的赵高一把将其撕个粉碎，不屑一顾地说："囚犯哪里还有上疏的资格！"

为了迫使李斯就范，赵高指派自己的亲信扮成审判人员，轮番提审李斯。如果李斯以实情相应对，就施行拷打，直到他坚持假口供不再改口为止。

后来，不知秦二世出于什么考虑，居然真派了个人来审讯他，但李斯已只敢和以前一样，以假口供应对。

胡亥看到李斯的口供后，认定李斯确实想要谋反，于是李斯只好去死。

李斯是以五刑论罪，于秦二世二年的盛夏腰斩于咸阳的。五刑，就是刺字涂墨、割掉鼻子、斩去脚趾、剜掉性器之后，再腰斩处死。此外，还割掉了李斯的舌头，因为他还犯了“诽谤罪”。当然，腰斩之前还要痛打，腰斩之后也仍然要在刑场上当众剁成肉泥。

李斯死得何其惨也！

当年沙丘之谋，李斯假如不贪求一时私利，又怎会落得今日的悲惨下场呢？胡亥的昏庸以及赵高的阴毒，恐怕都是他始料不及的吧！

一代名相李斯，就这样被诬陷而死。作为被害人，他当然死不瞑目。但他应该知道，虽然他辅助秦王嬴政完成了统一六国的大业，后来秦朝建立以后，又辅佐秦始皇在维护国家统一，促进经济、文化发展等方面做出了卓越贡献。但这些贡献，其初衷都是以法家的加强中央集权和君主专制为指导的，并未从天下苍生的角度来考虑，更遑论他在“焚书坑儒”中也做出了极大的“贡献”，为后世统治者施行惨无人道的“文字狱”开了先河。

这些，难道李斯不应该承担责任吗？如果九泉有知，李斯在诅咒胡亥、赵高等人的同时，是不是也应该感到羞愧呢？

其实，羞愧应该有，诅咒就大可不必了。

因为此时的刘邦离咸阳只有咫尺之遥，赵高和胡亥的末日很快也会来到了。

向西，再向西

刘邦的西征虽然说不上顺利，但因为一路有人相帮，运气也不错，还算比较成功……

项羽干得风生水起的时候，刘邦也没闲着。

就在项羽随同宋义率军北上救赵的同时，刘邦也率军从砀县出发，目标直指秦都咸阳。

通往咸阳之路既可能是一条帝王将相之路，也可能是一条地狱之路。换句话说，前途未必是光明的，道路却是曲折的。

但刘邦愿意赌一把。

在刘邦眼里，人生不就是一场赌博么？他很想得开，我刘邦本就是草莽出身，烂命一条，就算赌输了，又能失去什么呢？我本来就什么也没有！

刘邦的运气还真不错。他出发时正值冬天，几场仗打下来，不仅取得了全胜，还从秦军那里夺得几千兵，元气大增。到了春天，刘邦打到了昌邑境内。

昌邑就是今天的山东省昌邑市，位于砀县之北。那么本要西进咸阳的刘邦为何要一路向北呢？这是因为他听从萧何等人的建议，先去北面多招一些兵，收集一些粮草，以此来扩充自己的实力，然后再挥师向西。

面对楚怀王“先入关者为王”的巨大诱惑，刘邦军团精心地谋划着……

就在昌邑，刘邦还遇到了一位对他后来问鼎天下起到重要作用的一位猛将——彭越。

彭越，昌邑人，小时以捕鱼为生，长大后曾集聚一伙人为强盗，专干打劫的勾当。当陈胜等人起兵反秦时，有人也鼓动彭越起兵造反，但彭越不肯，说：“现在两条龙刚刚搏斗，还是等一等吧！”

不久后，有一百多昌邑青年准备聚众起兵，由于彭越在当地很有号召力，他们便请彭越当首领。彭越起初不肯，但架不住这些人三番五次的请求，最后只好答应了。

众人约定第二天早晨日出的时候会齐，迟到者斩。等到第二天日出时，居然有十多人迟到，最后一人竟然中午才到。

彭越并没有发火，只是淡淡地说道：“既然你们一定要叫我当这个头，那我就不客气了，从现在开始行使权力。咱们昨天不是约好了今天集合的时间吗？没想到有这么多人迟到，也不能都杀了，那就杀最后一个吧！”

大家以为彭越是在开玩笑，仍然嬉皮笑脸地说：“彭大哥，别这么认真嘛！以后注意便是。”

彭越瞄了他们一眼，二话不说，一刀就把最后来的那个人杀了。这么一来，所有人都惊出了一身冷汗，大家这时才知道彭越原来是个说一不二的人。

彭越的作为，说明他不是一个一门心思打鱼晒网的人。

就在彭越杀人立威没多久，刘邦的军队开进了昌邑。

按理说是刘邦进入了彭越的领地，但不知二人是气味相投，还是怀揣着同一个梦想的缘故，居然一拍即合，相约并肩战斗，一起攻打昌邑城。

可惜战事进行得一点都不顺利。刘邦的一万人马加上彭越的一千人马，费尽九牛二虎之力也没能打下昌邑城。

对于刘邦而言，尽快开始西征，杀进关中是他的第一战略目标，他不可能因为昌邑城这粒芝麻而丢了咸阳这个“大西瓜”。

对于彭越而言，在保存实力的基础上，尽量能壮大自己，是他的最大战略目标，他也不可能为了攻下昌邑城而让自己成为光杆司令。

既如此，大家只好放弃攻打昌邑城。

不过，昌邑城虽然没能拿下，但此战却为刘邦与彭越之间未来的合作奠定了基础。

乘着二月春风，刘邦挥别彭越，取道高阳（今河南杞县境内），继续西进。彭越则率军驻扎于巨野泽（故址在今山东巨野北），收编各地来的散兵游勇。

真是春风送暖好运来。经过高阳时，刘邦又收纳了一位人才——郦食其。

郦食（yì）其（jī），高阳人，自称高阳酒徒，已经年近花甲。

跟蒯通一样，郦食其也是纵横家。郦食其看不上项羽，却喜欢刘邦。刘邦路过他家乡高阳时，他去求见刘邦。

刘邦问前来报告的看门人：“来的是个什么人？”

看门人说：“看起来像是读书人。”

刘邦大手一挥说：“不见！老子忙着打江山，没空见这些无聊的文人！”

看门的只好如实回报。

郦食其两眼瞪圆，一手按剑说：“滚回去重新禀报！老子是高阳酒徒，不是什么读书人！”

看门的士兵吓得连滚带爬又回去禀告。

这次刘邦没有拒绝，他请郦食其进来。

郦食其进去时，刘邦正大大咧咧坐在那里，让两个女孩子给他洗脚，连正眼都没瞧一下这个老儒生。

郦食其不怒，也不下拜，而是拱拱手说："足下千里迢迢，是专程来助大秦一臂之力的吧？"

刘邦一听这话顿时火冒三丈，心想这老头是不是活得不耐烦了，便大声骂道："哪里来的酸儒？说话阴阳怪气的！老百姓受够了暴秦的苦，这才联合起来推翻它，我怎么就成了帮助暴秦的人了？"

郦食其依然不愠不怒，平静地说："既然是联合灭秦，那就不应该对年长的人无礼。"

刘邦从郦食其的话里听出这个人不一般，于是马上起身穿好衣服，请郦食其上坐，然后满脸堆笑地说："哈哈哈，老先生，莫怪在下刚才无礼，主要是最近奸细太多，所以我随便试探一下而已。哈哈哈，得罪得罪！我看老先生仙风道骨，肯定长命百岁。哈哈哈，老先生此来一定是有所见教？"

郦食其也确实不一般，无论先前的受辱还是现在的被捧，对他来说都无所谓，他依然用不紧不慢的语调说："你目前手中纠集的不过是一帮乌合之众，而且人数还不过万。凭着这么丁点人就想攻打强秦，那无异于把头伸到老虎的嘴里去。"

刘邦知道自己遇上高人了，急忙不停地点头称是，然后又诚惶诚恐地向郦食其问计。

刘邦的诚恳为其换回了巨大的收获。

郦食其随即献出一计，说："离此不远的陈留县，是天下的要冲，交通四通八达。城中囤积着大量粮食。我与县令有交情，我去劝他投降，如不投降，你就举兵攻打，我做内应，大事可成。"

刘邦当然照办。

郦食其马上进入陈留城中，劝说县令投降刘邦，无奈陈留县令耳根子硬，听不进劝。郦食其实在没办法了，只好拔刀杀了县令，然后把人头丢到城门外。

刘邦命人捡起人头对城门上的士兵大喝道："再不投降就连你们一起杀了。"

城门上的秦兵早就不愿做暴秦的殉葬品了，立即开门投降了刘邦。

刘邦占领陈留之后，果然获得了大量粮草和武器，变得兵强马壮起来。

在陈留招兵买马养精蓄锐后，离陈留不远的洛阳成为刘邦的下一个攻击目标。

然而正当刘邦军围攻洛阳时，却被前来救援的秦军杨熊部打了个措手不及。就在刘邦以为自己必败无疑的时候，突然一支军队加入了战斗，秦军顿时大乱，杨熊见势不妙，只得领军撤退。

刘邦大喜，哪来的天兵天将助他一臂之力？定睛一看，眼泪差点儿如泉喷涌。

原来来人是张良。

张良怎么会在这儿出现呢?

说来话长。

原来留城一别后，项梁在张良的反复游说下，同意帮助他重建韩国。

项梁先是命张良去寻找战国时期最后一任韩王的后裔韩成，并将其立为韩王，此后又任命张良为韩国司徒（掌民事等事务的官员），给予了韩王和张良一支一千人左右的部队，命其向西开拓原来韩国的土地。

从地缘上来看，早在战国时期，韩国就是秦国的邻国，而且离大秦帝国的都城咸阳较近。

由是之故，复国后的韩国活得极其艰难，好不容易攻下几座城池，一转身又被秦国给抢回去了。张良和韩王当然不甘如此，于是又领着千来号人马，马不停蹄地去抢夺。

就这样，双方你抢我夺，你夺我抢。搞到最后，张良和韩王的人马越来越少，只好跟秦军打起了游击战。

正当张良纠结于这种无法打开局面的游击战之时，刘邦西征来到了当时属韩地的洛阳，而且还遇到了麻烦。张良知道后，当然不能不管，于是出现了前述的一幕。

再度相逢的刘邦和张良很快形成了一股合力，不但攻破了洛阳，还以摧枯拉朽之势，拿下了从前属于韩国的十几座城池。

张良很高兴，也很感激刘邦不遗余力的相助，他觉得自己光复韩国的愿望已达成，是时候报答一下沛公了，于是让韩王韩成留守阳翟（今河南禹县），自己则跟随刘邦继续西进。

刘邦攻打的下一站是宛城（今河南南阳）。

宛城郡守认为刘邦远道而来，军队一定疲惫不堪，便想趁夜黑去偷袭。没曾想刘邦早有准备，将其打了个大败。

宛城郡守不得已，只好退入城内坚守。由于宛城城池坚固，易守难攻，刘邦不想在此浪费时间，便想绕城而过。

但张良认为此举不妥，劝阻说："我知道您想早点进入武关（今陕西丹凤境内），直取关中，可是途中秦军众多，如果不拿下宛城，秦军在前，宛城在后，前后夹击，那我们就危险了。"

刘邦一听，觉得很有道理，但他确实不知道该如何攻破宛城，便问计于张良。

张良附在刘邦耳边，如此这般说了一通，听得刘邦喜笑颜开，连连称妙。

是日晌午过后，刘邦下令全军大张旗鼓地往西开拔，然而到了晚上，刘邦忽然又下令全军偃旗息鼓，乘着夜色从另外一条小道悄悄返回宛城。等到天亮时，小小的宛城已被刘邦的军队密密麻麻围了三层。

宛城郡守一觉醒来，发现自己已被包围，很是生气，但为时已晚，他大骂刘邦实在太流氓了，白天不是已经走了吗，怎么晚上又改主意了？一点都不光明磊落！

绝望之下，宛城郡守竟要拔剑自杀，幸被一个手下拉住。这位手下劝告说，刘邦为人宽厚，只要你投降他，不但能保住性命和官位，还能保住一城百姓。

宛城郡守的这位手下还真是了解刘邦，待到郡守投降后，刘邦果然将其保留原职，仍留宛城。

刘邦招降宛城的消息传开后，人们纷纷传颂刘邦的厚道，其他城县也纷纷投降。

刘邦的西路军此后再没有遇到阻挡，一路高歌猛进到达了坚固的武关。

武关者，咸阳门户也。一旦攻破武关，那么秦帝国就要呜呼哀哉了。

刘邦望着这座气势雄浑的三秦要塞，不禁感慨万千。那一晚，数日辛劳的他睡得很踏实，还美美地做了一个梦。

此处不容爷，自有容爷处

章邯算得上是秦王朝最后一员名将，可惜，军功累累的他也难以被赵高这样的人容下……

刘邦做着美梦的时候，曾经打得多路义军找不着北的章邯却噩梦连连。

巨鹿之战的惨败，使章邯知道了项羽的厉害，虽然此时王离部几乎全军覆没，但章邯手上其实还有二十来万人马，完全还有翻盘的实力。可这位秦帝国的猛将一想起自己的对手是项羽，就不寒而栗。

巨鹿一战，他被项羽彻底打怕了。

打不过就不打呗，章邯倒是很识相。此后，他驻军棘原，无论项羽如何挑战，他都龟缩不出。

项羽一时也拿章邯没办法，加之时日一长也感觉有些兵疲力竭，于是率军驻扎于漳水南面进行休整，这样项羽与章邯暂时进入相持阶段。

此时王离被歼、巨鹿战败的消息已传入秦朝廷，秦二世大为愤怒，三番两次派人来责骂章邯，并要求他立即出战，消灭项羽。

章邯很委屈，在他看来，不是我军无能，而是敌人太狡猾、太强大。为了让秦二世了解前线战况不易，他派自己的得力助手司马欣回朝廷汇报战情，并请求增援。

司马欣抵达咸阳以后，此时的秦朝朝政已被升为丞相的赵高一人专断，所以他只能向赵高汇报工作，然而司马欣求见的报告都送上去三天了，赵高却始终不肯接见他。

这让司马欣感觉很奇怪，心想，我又不是回来探亲的，明明有紧急军务要汇报，按理说你赵大人即便有天大的事也该腾出时间来接见我呀，要不然等人家打进咸阳城了，大家都喝西北风去？

他越想越觉得不对劲。毕竟从军之前在咸阳做过几年官，熟识的人还是有的，于是他便到处探听消息。一打听吓出一身汗来，原来赵高正在酝酿一场阴谋，准备干掉司马欣一行人。

赵高企图杀司马欣的理由也很简单：司马欣是报忧而来，如果胡亥从司马欣那里了解到前线的真实战况，那么自己一定没有好果子吃。

惊恐之下，司马欣赶紧带着随行人员跑出咸阳城。果不其然，他前脚刚走，赵高派的人后脚就追了过来。幸亏司马欣老狐狸一个，他不走原道而是从另外一条小路逃走，让赵高的人扑了个空。

一回到章邯处，司马欣就一把鼻涕一把泪地对章邯哭诉说："那姓赵的太不是个东西了！如果不是我跑得快，现在也许都没命了……"

待情绪稍微平息了一点后，司马欣劝告章邯说："现在朝廷完全被那姓赵的小子掌控着，他是不会放过咱们的。胜了，他会嫉妒您；败了，他会治罪于您。何去何从，将军一定要三思啊！"

章邯听后心里很不是滋味，却又不知道该怎么办。

恰在这时，有人送来一封令章邯颇感意外的劝降信。意外是因为写信之人不是项羽，而是"下岗将军"陈馀。

这里有必要简述一下陈馀近期的经历。

章邯围攻巨鹿时，陈馀率领几万人的部队驻扎在巨鹿以北的山中，然而无论被围城中的张耳如何呼救，陈馀均以寡不敌众为由拒绝施救，这让张耳恼怒至极。

巨鹿之战后，张耳多次当众诘问陈馀见死不救是何居心？还大骂其无情无义。

陈馀好歹也是一条汉子，哪里受得了这种屈辱！一气之下，他解下将军印信扔给张耳说："你至于对我怨恨这么深吗？你恐怕是想要我这将军的职位吧？给你！”说完转身便走了。

张耳起初感到很惊愕，觉得也许真是自己做得太过分了，便包好将军印信，准备一会儿还给陈馀。

这时有个手下走过来规劝张耳，说：“我听说‘天与弗取，反受其咎’。如今陈将军把印信交给您，您不接受的话就是在违背天意，会不吉祥，还是收下为好。”

张耳一听，对啊，放到嘴里的肉还能吐出来？于是就佩带陈馀的大印，接收了他的部下。

陈馀这次付出的代价够大，他除了哀叹“冲动是魔鬼”外，别无他法，最后他只好带着几百个亲信到黄河边的湖泽中打鱼捕猎去了。

从此，陈馀和张耳结下了梁子，后来二人反目成仇也来源于此。

不过，虽说人在江湖飘，但陈馀对天下大势仍然了然于胸，因此他才提笔给章邯写了这封信。

陈馀在信中开门见山地对章邯说：“您热爱的秦国最是冷酷无情。想想看吧，白起和蒙恬，曾经立下多少汗马功劳？最后怎么样呢？死路一条。为什么？功劳太大，封无可封，只好强加罪名置之于死地。现在，将军您可是‘有功亦诛，无功亦诛’，为什么不弃暗投明？难道还看不出天要亡秦吗？”

如果说司马欣所言不客观的话，陈馀的话就不能不让章邯动心了。他想：连一个打鱼的老家伙都把世事看得这么清楚，我能那么糊涂吗？好吧，此处不容爷，自有容爷处。于是他决定投降项羽。

没曾想“落花有意，流水无情”，这边项羽却牛上了，居然不愿意接受章邯的投降，而且坚持要攻打他。

迅即，项羽兵分两路进攻章邯。

自古知兵非好战，投降你还不行，非要损人一千自损八百？章邯实在搞不清项羽葫芦里究竟卖的什么药，战也不是，不战也不是。

其实项羽的心思很单纯，同意你投降实在便宜你了，我必须打得你满地找牙才解气。

就在章邯为难之际，有个谋士提醒他说，一味求降肯定不行，太失面子。咱们不但要跟他打，最好还要打出漂亮的战绩来，这样才能进一步增加自己手头的筹码，有利于战后与项羽的进一步谈判。

章邯觉得是这个道理，于是迅速组织军队迎战楚军。

战争毕竟不是儿戏，何况章邯本就是一代名将。因此，几场硬仗下来，项羽虽然略微占点上风，却也没有讨得多少便宜。

就在这时，楚军的后勤补给出现了问题，而章邯也精准地掌握了这一信息，再一次向项羽递出了橄榄枝。

经过多方权衡，项羽终于选择与章邯握手言和。两人相约见面，互诉衷肠。

所谓棋逢对手、将遇良才，英雄之间总是容易惺惺相惜的。

项羽最终立章邯为雍王，并让他留在军中效力。

雍，在今陕西省凤翔县，春秋时期曾为秦国国都。所以，雍王其实就是秦王。

章邯很高兴，然而他做梦也没有想到，这不过是一张空头支票，因为项羽许给他的地盘，马上就要归刘邦了。

是鹿还是马，这是个问题

也许有人确实分不清鹿和马，不过这仅是小事一桩。但如果有人故意要把马说成鹿时，问题就大了……

李斯死了，章邯投降了，赵高更高兴了，因为去掉了两个绊脚石，对他实现自己的梦想更近了一步。

按理说，从一个小小的宦官爬上一人之下万人之上的丞相宝座，已经位极人臣，赵高理应满足才是。然而正所谓“人心不足蛇吞象”，此时在别人眼中可望不可即的丞相之位，于赵高而言，不过视如草芥。他要的是什么呢？是个人都能猜出来，那就是最高权力。

在赵高看来，人间所有的道德及法律都不算什么，唯有一样东西值得他为之奋斗，那就是权力。

权力的好处自然不胜枚举，最让赵高痴迷的，是权力可以让人乖乖听话。无论我说什么，你胆敢有反抗的声音，那么你的人头什么时候掉落的都犹未可知。有了权力还可以坐收渔翁之利，无论有什么好的宝贝，天上飞的，地上跑的，地里挖出来的，我都可以以国家之名收为己有……总之，在封建专制社会，权力就是一切。谁不想拥有一切呢？赵高比任何人都想。

不过，赵高对大臣们支不支持、拥不拥护、答不答应，心中没底，他不敢贸然行事。于是，他想了一个办法，准备试一试自己的威信，同时也借机摸清敢于反对他的人。

这天，胡亥难得上朝，文武百官齐集于朝堂之上。赵高叫人牵来一只鹿，满脸堆笑地对胡亥说："陛下，我献给您一匹好马。"

胡亥一看，这哪里是马，分明是一只鹿嘛！便笑着对赵高说："丞相搞错了，这是一只鹿，你怎么说是马呢？"

赵高理直气壮地说："请陛下看清楚，这的确是一匹千里马。"

胡亥又看了看那只鹿，将信将疑地说："马的头上怎么会长角呢？"赵高一转身，用手指着众大臣，大声说："陛下如果不信我的话，可以问问他们。"

大臣们被赵高的一派胡言搞得不知所措，私下里嘀咕：这个赵高搞什么名堂？是鹿是马这不明摆着嘛！

然而当他们看到赵高脸上露出阴险的笑容时，立刻明白了他的用意，纷纷附和说："陛下，这的确是一匹千里马！"

胡亥的眼睛当场就绿了，我这年纪轻轻的眼神儿就不好使了吗？心里忐忑的他退朝后立刻找来太卜问询。

太卜占了一卦后告诉胡亥，陛下您确实头眼昏花，您这毛病主要是春秋两季祭祀上天时不虔诚所致，如果想恢复正常人的感觉，就得找个地方斋戒。

这胡扯的话多半又是赵高所指使，但胡亥向来对太卜的话深信不疑，因此立刻搬进了上林苑斋戒。

上林苑是皇宫的后花园，让胡亥在这里每日沐浴更衣问题不大，但要让他不饮酒、不吃荤、不沾女色，那跟让老虎吃草不吃肉一样难。当然，也不能说胡亥一点自觉性都没有，他还是主动减少了歌舞娱乐，改为狩猎以打发时间。

这天，胡亥正兴高采烈地追逐一只母鹿，忽然有个行人无意间闯入了上林苑。上林苑是什么地方，哪能容得外人骚扰！况且有人看见皇帝打猎，那胡亥斋戒心不诚的事不就被捅出去了吗？于是胡亥不管三七二十一，一箭就把那个行人当猎物干掉了。

这边尸体刚埋上，那边就有人跑来上奏。这个人自然也是赵高有意安排的，他就是赵高的女婿咸阳令阎乐。

阎乐装模作样地说："启禀皇上，不知道谁吃了熊心豹子胆，居然杀了人埋在上林苑……"

阎乐话未说完，胡亥就不耐烦打断道："人是朕杀的，怎么啦？"

这时赵高上前说话了。他说："皇上呀，天子无故杀人，是上天所不允许的，也是非常不吉利的。这样鬼神不但不接受你的祭祀，而且还会降灾祸于您，依臣之见，您最好远离皇宫去别的地方祈福消灾……"

思维稍微正常的人都知道，胡亥又不是第一次杀人。当初他杀自家兄弟姐妹，杀蒙恬兄弟和李斯时，赵高说过一句劝阻的话吗？不但没有，反而还是帮凶。可今天胡亥不过杀了一个擅闯皇家园林的无名百姓，赵高就来帮着喊冤，这不明摆着是别有用心吗？

胡亥哪里考虑得了这么多，他正郁闷着呢！前不久刚发生过"鹿马"不分的事，现在居然又人兽不分错杀无辜，难不成自己神智错乱了？胡亥突然感到有些惴惴不安。好吧，那就找个地方祈福消灾，再顺便保养一下龙体。

于是胡亥问："这次去哪里呢？"

赵高说："早就替皇上您安排好了，望夷宫。"

胡亥没说什么，当天就从上林苑搬到了望夷宫。

望夷宫是秦始皇当年为了瞭望北方少数民族入侵而建造的，位于今陕西省泾阳县，离秦都咸阳三十多公里，是个远离权力中心的地方。

骗走胡亥后，赵高立即把任郎中令的弟弟赵成和女婿阎乐招来，对二人说，我们骗胡亥太久了，纸是包不住火的，现在只能把他干掉，不然只能等着被他干掉了。

三人计划一番后，赵成和阎乐分头行事。

胡亥在望夷宫戒斋的第三天，负责安全保卫工作的赵成散布谣言，说望夷宫外有盗贼出没，下令大部分卫兵出外追击，致使望夷宫内防守空虚。此时，事先已做好准备的阎乐率千余人以追贼为名直逼望夷宫而来。

他们冲到宫门前，大声向守门官吼道："强盗进了宫门，你们为何不抵挡？"

守门官莫名其妙，说："宫内禁卫森严，怎么会有贼人进宫呢？"

阎乐不容分辩，手起刀落，杀死了守门官，然后带人冲进了望夷宫。他们逢人便砍，一时宫中血肉横飞，惨不忍睹。

胡亥看到外面乱兵造反才恍然大悟，原来赵高借他之手杀尽忠良，为的就是夺权的这一天。

可惜胡亥醒悟得太晚了，阎乐已举刀冲了进来。

胡亥一边后退一边颤声道："朕乃真龙天子，你敢弑君！"

阎乐轻蔑地说："你这个无道暴君，搜刮民膏，残害无辜，天下人均可得而诛之。你还有什么可说的？"

胡亥说："我还能见丞相一面吗？"

阎乐说："不能。"

胡亥说："那给我一个郡，我做个王，可以吗？"

阎乐说："想得美！不行。"

胡亥说："那让我做个万户侯，可以吗？"

阎乐说："你就别做梦了。"

胡亥说："那让我做个老百姓，总可以吧？"

阎乐说："算了吧，你还是别费口舌了！我等是奉丞相之命来杀你的。你说得再多，又有什么用？"

胡亥最后只好自杀。

据说，胡亥临死之前，身边人早已跑得精光，只剩一个小宦官站在身边。

他悲哀地问小宦官："事情到了这个地步，你知道吗？"

小宦官说："早就知道。"

胡亥问："怎么不早告诉我？"

小宦官回答说："臣不敢。我要是早说，还能活到今天吗？"

胡亥一句话都说不出来，只好哀叹着去见了阎王。

是啊，一个人，如果半句真话都听不到，岂能不失败？一个政权，如果弄得人人自危，个个都不敢说话，岂能不垮台？

有心复国，无力回天

除掉了赵高的秦王子婴其实还是有几分能耐的，可惜秦王朝气数已尽，他已无力回天……

胡亥死了，对他个人而言是一了百了，但偌大的帝国不可一日无主。那该由谁来做主呢？

赵高首先想到的当然是自己。

事实上，当阎乐向赵高报告了胡亥已死的消息后，赵高立马率领文武百官赶到了现场，并摘下胡亥身上的玉玺佩上。这时的他，是准备宣布登基为帝的。

然而他很快发现，当他往大殿走时，带来的文武百官们默立于地，竟无一人跟从。很显然，他们是在无声地抗议。当他登上大殿时，大殿有好几次就像要坍塌似的。一向迷信的赵高顿觉天旋地转，认为是上天不给予他皇帝之位。

或许是怕了，或许是还残存有一丝自知之明，或许还有别的原因，总之赵高妥协了，决定另立秦始皇的子孙为帝。

立谁呢？当年胡亥的兄弟姐妹，都给杀光了，最后大家好不容易才想起一个人来。这个人叫子婴。

于是子婴遂即位。

鉴于此时的秦国只剩下兼并六国前的疆域，即位后的子婴认为自己已不宜称帝，便干脆改称秦王。

子婴是秦始皇之孙、扶苏之子(一说是秦始皇之子，史书记载不一)。这个仅存的秦国皇室，是一个少有的敢担当的人。当年胡亥意图整死蒙恬，大家都不敢说话，唯有子婴出头，说蒙恬毕竟是先皇的大将，杀了对不起先皇。虽然胡亥没听他的，但在大家都不敢吱声的情况下，他逆流而上，敢冒着危险救蒙恬，确实算得上一条汉子。

对这样的人，赵高其实是不喜欢的，但别无选择，只能是他了。

在被赵高拥立初期，子婴的表现很好，见了赵高很客气，就像胡亥死之前那样。赵高试探了几次，也就放心了。他作出判断，这个子婴会是一个更容易操纵的木偶。

从表面上看，赵高的判断似乎没错，这宫里宫外都是自己的人，你子婴就算有什么想法，又能怎么样？

然而赵高狡猾一世糊涂一时。他忘了，当年胡亥大肆清洗宗族，那么多兄弟姐妹都没命了，凭什么这个子婴能活下来？包括蒙恬的事情，胡亥当时铁了心要杀掉蒙家哥俩，谁说情谁倒霉，凭什么还是这个子婴，说了情虽然胡亥不听，却也没拿他怎么着。

一个能在宫廷的血雨腥风里成功活下来的人，肯定是有几把刷子的。果不其然，即位不久的子婴很快就干出了一件惊天动地的大事情。

按照祖制，新君即位，必须要在宗庙举行祭祀仪式，虽然现在家境惨淡了点，但到底不能对不起祖宗，该走的过场还是要走。因为只有祭祀仪式举行过了，才算是正式接班，所以这些日子，赵高一直张罗着祭祀宗庙的事情。

然而就在此时，赵高听到了一个不好的消息，他刚找的这位子婴傀儡，最近好像犯了惊吓病，天天脸色苍白，走路哆哆嗦嗦，看见拿刀的就腿脚发软，八成是前线老是传来坏消息，给吓着了。

赵高却不干了，你这个窝囊废吓成什么样我不管，可祭祀的事情你必须得给我完成。祭祀完了，你正式接班了，吓成白痴我也不管，但现在你必须得给我振作起来。

所以赵高想了很多办法，软的用了，硬的也用了，可子婴咬紧了牙关就是不松口，我真的吓病了，您就晚两天不行吗？

赵高当然不答应，晚两天？晚两天人家就打到家门口来了！不行，你必须马上来宗庙祭祀，给我履行完接班手续。

子婴也表露出很生气的样子，我都病成这样了，您就不能讲点人道主义吗？反正我是来不了了，您看着办吧！

两人谁都不退让，事情就这么僵持着。

这时候赵高身边的一个宦官说话了，这个宦官叫韩谈，老实巴交的，赵高说不上有多喜欢他，但也不讨厌他。

韩谈劝赵高："这小子一副怂样，您亲自过去吓唬他两声，看他还敢不来？"

赵高恍然大悟，对啊，这两天我正憋着火呢，正好骂骂他出出气，于是气势汹汹地和韩谈一起来到子婴居住的斋宫。

"我说子婴啊，当了王就威风了是吧，还要让我亲自抬轿子来请你啊？"赵高正打着腹稿，酝酿着怎么好好教育子婴一顿呢，却突然发现不对，眼前的子婴，一点病样都没有，脸色红润，精神饱满。再回头一看，旁边的韩谈，突然抄出一个家伙朝自己扑来，赵高这才明白，自己上当了。

原来子婴早在当公子期间，就已耳闻目睹了赵高的种种罪行。被赵高推上王位后，知道自己不过是一个傀儡而已。他不愿再重蹈胡亥的覆辙，便重金收买了宦官韩谈，商定了斩除赵高的计划。

赵高就这样结束了自己罪恶的一生。

赵高死后，子婴火速出手，将赵高的家族以及亲信杀得一个不留，三下五除二就除了咸阳所有赵高的势力。可见子婴算得上是一个极其强悍的人物，只是这样的人物出现得太晚了。

赵高大约死于公元前207年的中秋时节，这时候的项羽还在巨鹿打扫战场，刘邦的军队正火速向函谷关进军。此时秦王朝虽然退入关中平原，但外面尚有峣山做屏障，何况诛杀赵高的行动，让子婴的威望空前提高。秦人本来就是尚武的，在子婴看来，趁这个时候整顿兵马死守函谷关，保住秦国的社稷，至少割据关中平原自立，似乎是没有问题的。

子婴确实也打算这么做，在杀掉赵高后，他派人宣告赵高的罪状，传示天下，得到了关中平原当地百姓的支持，然后他整顿军队，抢占关口，甚至把王宫里的珍宝都拿出来，鼓励将士们奋勇杀敌。

子婴还在函谷关周围，设立了三道防线，其中防御的重点，选在了峣山，当年这里就是秦国东出的通道，他希望这一次峣山能够变成阻遏义军西进的大门。

就在子婴精心准备了一个月后，刘邦来了。

刘邦虽然来得慢，但收获颇丰，军队已由一开始西进时的不到万人，扩充到十万人左右，尽管士兵的素质有待提高，数量却够了。

见来的不是项羽，子婴一开始挺高兴的。项羽确实难打，可刘邦是谁？没听说过，看来还是可以打一打的。于是子婴立刻命令军队在峣山做好迎战准备。

可是一连等了几天，却连个影子也没等来，子婴正纳闷呢，却突然得到消息，刘邦的军队在蓝田地区出现，趁秦军不注意的时候发起了袭击，反而从背后捅了峣山秦军一刀。就这样绕了个弯子，刘邦竟然就绕进了函谷关，直逼秦都咸阳。

子婴慌忙御驾亲征，率军进驻武关，企图与刘邦相持。

刘邦眼看着子婴治下的秦朝廷和军队上下一心，就打消了强攻的念头，转而派人劝降。

降还是不降，对子婴来说其实并不是个难题。经过一番权衡后，有心复国却无力回天的子婴已别无选择，只能投降。

投降那天，子婴让人用绳子反捆住自己的手，坐上他专属的白马车，奔向了刘邦的大营。

开创了中国历史新纪元的秦王朝，就此宣告寿终正寝。

第九章 各有各的打算

约法三章，赢得人心

无论怎么看，刘邦的“约法三章”都充满着正能量。人心，也就此到了他这边……

子婴投降了，刘邦不费一刀一枪就进入了咸阳城。

进城前，刘邦的头脑很清醒。

部下有人建议杀掉秦王子婴，以绝后患，刘邦拒绝了。

刘邦给出了两点理由：其一，当初楚怀王命自己西征就是因为在楚怀王等人的眼中，我刘邦是长者，能宽厚容人。其二，杀降是件不吉利的事情。

应该说刘邦这件事干得的确漂亮。通常来说，造反的人一般都是深受秦王朝压榨的人，身上都背负着血海深仇，刘邦能够力排众议，放过秦王子婴一马，足见刘邦的心胸是宽广的。

当然，在看起来很宽厚的行动背后，其实也夹带着私货。

我们知道，依照“怀王之约”，刘邦当为秦王。也就是说，秦国将成为刘邦未来的国土，秦人将成为刘邦未来的臣民。子婴投降，代表了秦国官民的归附。对子婴的处置，将关系着新政权对秦国官民的态度。作为一个外乡人，刘邦在秦国毫无根基，而子婴却得到了秦国官民的同情与好感。对刘邦来说，善待子婴，不仅有利于安定眼下的秦国军心民心，而且今后统治秦国时，子婴也是可以大加利用的人选。

基于这些考虑，刘邦不但留了子婴一命，还对秦国的宗室大臣一律宽赦不诛，下令各级官吏各司旧职维持现状。

应当说，上述举措极为正确，也展现了刘邦的政治远见。然而进入咸阳城后，刘邦却开始糊涂起来。

初入咸阳的刘邦，就如刘姥姥进大观园般，顿时眼睛都花了。

他没想到秦帝国的宫殿如此雄伟，到处是雕龙画凤，回廊榭台，美不胜收；各种花色的帷帐，各种奇珍异宝，看得人真是眼花缭乱；更让刘邦开心的是那些娇滴滴的美女宫娥，个个风姿绰约，艳丽无比，看得刘邦眼睛发直，心里发痒。心想自从起兵以来，跟吕雉是聚少离多，而且吕雉的容颜慢慢老去，哪及这些宫女十分之一，自然欲念丛生。

于是，刘邦发布谕令说，他很累，需要休息，让大家暂时不要打扰他。

此时的刘邦其实一点都不累，他正在咸阳皇宫里左拥右抱，忙得不亦乐乎。

那些女子为了活下去，依旧强颜欢笑，极尽温柔。对她们来说，卑微的命运早已注定，换谁做主子都一样。

这边刘邦正“休息”的时候，那边张良、樊哙等人却等得心急如焚。在他们看来，如今关中动荡不安，百姓流离失所，不为苍天心忧，一味贪图享受只能让人更快进入地狱。

但张良毕竟斯文一些，除了急得团团转，别无他法。樊哙可就不一样了，左等右等不见刘邦出来，他抬脚就闯了进去，劈头便问：“沛公您是立志得天下呢，还是只想做一个暴发户？”

刘邦恨恨地看了樊哙一眼，心想：你这臭杀猪的不废话吗？我一路拼死拼活，不想得天下的话，那我瞎忙活什么？但这话他并没有说出口，只是一言不发地坐在那里。

樊哙不依不饶，继续说道：“您一进入秦宫，就被这些狐狸精和华丽的宫殿迷惑住了吗？可造成秦国灭亡的正是你眼前这些无用之物，你难道愿意为了它们丧掉身家性命吗？”

平时从谏如流的刘邦脸色越来越难看，但念在连襟的份儿上，他并没有发作，只是不高兴地说道：“我困了，想在这里留宿。”

正在这时，在外面实在等不及的张良也进来了。一看刘邦那万般不舍的样子，他先行礼如仪，然后语气和缓地说道：“沛公呀，您知道我们为什么如此轻易就进得咸阳城吗？那是因为暴秦无道丢失天下人心！如果现在您也住进秦宫，过骄奢淫逸的生活，那跟秦始皇、秦二世有什么区别呢？对关中百姓来说，就等于刚赶走一个商纣王，又来了一个周幽王，您这不是‘助纣为虐’吗？樊哙是个粗人，他说的话恐怕您不爱听，但是‘忠言逆耳利于行，良药苦口利于病’，我觉得沛公您还是听取樊哙的意见，打消入驻秦宫的念头为好。再说了，将来得了天下，这一切还不都是您的吗？早晚而已。”

张良虽然和樊哙说的是同一个意思，但听着让人舒服，刘邦略一沉思，很快就答应了。张良很明白，刘邦好酒色，很随意，但也明理，只要能说得令他信服，他一定会接受。如果像樊哙一样，一进来便大喊大叫，你该这样，不该那样，任谁都听着不爽，何况听话的人还是领导！

就这样，刘邦在张良的劝阻下，欣然离开秦宫，返回军中，驻军霸上（即今西安市长安区白鹿原，因地处霸水西部高原而得名）。

过了一个来月，刘邦又在霸上召开了一次对历史影响深远的会议，从而为他最终夺得天下奠定了坚实的民意基础。

在这次会议上，刘邦把秦国诸县的豪杰和德高望重的父老召集起来，为他们做了一次极为煽情的演讲。

他首先对各位父老乡亲说，你们过去诽谤一下朝政就要被满门抄斩，私下议论一下时势就要被杀头，日子过得实在太苦了。现在，我把这些不合理的严刑峻法全部废除。

见大家都喜出望外，刘邦接着又说：“曾经，我与各路义军首领有约，谁先入关谁就可以在当地称王。如今我先入了关中之地，自然就要在此称王。但是，诸位请放心，我刘季是来安良除暴的，不是来恃强凌弱的。我今天就以王的身份和你们约定：第一，杀人者处死；第二，伤人的按情节轻重论罪；第三，抢劫的也按情节轻重论罪。仅此而已。”

这就是历史上著名的“约法三章”。直到今天，“约法三章”仍然闪耀着熠熠的法制之光。

不难想象，当时的民众肯定是一片欢呼。

是啊，在那专制和战乱的年代，人的性命如草芥，偷盗没人管，伤人没人管，杀人也没人管。老百姓惶惶不可终日，没有一丝安全感。而

“约法三章”虽然只有寥寥数语，却顺应民心，给了老百姓安全感。

对于普通百姓来说，除了吃饱穿暖，最重要的不就是安全感吗？

因此，有了安居乐业保障的秦人，“唯恐沛公不为秦王”，生怕刘邦不当他们的王了。

于是，秦人奔走相告，无不欢呼雀跃。他们纷纷杀牛宰羊，载歌载舞地送到刘邦的军营前，准备犒军。

刘邦呢，再一次显示了他的政治智慧和远见，不但大方潇洒地谢绝了秦人的好意，还颁布命令，不准军队扰民。

秦人再次大受感动，刘邦也再次获得了雷鸣般的掌声。

老子所谓“将欲夺之，必固与之”的道理，被刘邦发挥得淋漓尽致。

从此，刘邦的军队给关中的百姓留下了极好的印象，刘邦的声望也愈益高涨。

一场惨绝人寰的坑杀

无论在什么朝代、出于什么目的，一次性坑杀二十万已经投降的人，都是一场不可饶恕的罪恶……

就在刘邦搞定关中不久，项羽率领六十万大军浩浩荡荡地从北方朝函谷关扑来。

项羽当然是来找刘邦要地盘的。

平心而论，刘邦的入秦，是捡了一个大便宜。因为巨鹿之战时，大秦帝国的主力部队都在巨鹿，反秦战争的主战场也在巨鹿。可以说，没有项羽在巨鹿的奋战，大秦实际上是不可能灭亡的。可是，现在胜利的果实却成了刘邦的囊中物，这让心高气傲的项羽如何咽得下这口气？

项羽甚至还因此跟怀王结下了梁子。后来他谋杀楚怀王，也因为有此积怨。是啊，如果当初怀王派自己攻秦，哪有刘邦什么戏？

但此刻他首先要对付的，还是刘邦。

不过在西去的路上，项羽碰上了点小麻烦。

当时随项羽西去的大军中，除却项羽本部的楚军和新降的二十万秦军外，还有其他五个诸侯国的军队，共计六十余万。由于秦军新降，与其他诸侯国的军队关系不佳，而且经常受楚军欺负。

这也正常。要知道，楚军中有许多人或因为与秦军作战妻离子散，或有父老兄弟曾死于秦军之手，现在这些“万恶”的秦军虽然加盟了联军，但这绝不意味着楚军将士能真正接纳他们、原谅他们的过去。因此，欺负投降的秦军就成了楚军将士业余生活的调味品。

而这些备受欺负的秦军呢？自然是“人在屋檐下，不得不低头”，但忍气吞声的背后，他们的屈辱感也在不断累积。

另一方面，这些受辱的秦军还有着自己的顾虑：现在跟着你们西征，如果能灭了秦，那大家都好，万一灭不了秦重新退守关东呢？关内家人的性命如何保证？

随着屈辱和焦虑的增多，当联军接近关中，抵达新安时，秦军士兵当中抱怨章邯投降、担心父母妻子被诛杀的情绪蔓延开来，军心出现了动摇和不稳。

这可是二十万人呀，一旦出现什么不测，简直比山洪暴发还要恐怖！

得知消息的项羽火冒三丈，立刻做出了一个更加恐怖的决定：将二十万秦军全部杀掉。

当然，杀人还是需要理由的，何况是二十万人。

项羽有自己的理由：

第一，诸侯联军马上就要攻打函谷关了，如果大家集中全力攻关时，这二十万秦军突然发生哗变，诸侯联军就会陷入前后被夹击的险境，那时后悔就来不及了。当然，放掉他们也是不可能的，那就等于在放虎归山。所以，唯一的选择，只能是杀！

第二，军中剩粮已不多了。项羽本来就是因为军粮接济不上才接受了章邯的投降，如今六十万人六十万张嘴，粮食很快就会被吃完。既然养活不了那么多人，更别说他们还心怀鬼胎，那留着干啥？所以，也只能是杀！

第三，项羽虽然读书不多，历史故事还是听说过一些。当年长平一战取得胜利后，秦将白起曾坑杀过赵国四十万俘虏兵。如今秦军又是在赵国被打败投降的，因此项羽认为，杀掉这二十万人不过是在为赵国那无辜的四十万人报仇而已，是复仇之举，“正义”之举。

剿杀二十万秦军的任务交给了项羽的得力干将英布。英布也着实让人恐怖，一夜之间，二十多万活生生的人，除却将领章邯、司马欣、董翳三人外（司马欣和董翳因劝勉章邯投降有功，而得以幸免），其余的全部被他活埋。

至于这场残暴杀戮的过程，史书没有详细记载，后人已无从得知。但我们不难想象，要一下杀掉二十万手持武器的士兵，其难度可想而知。

一个简单的常识是，倘若投降的秦兵事先知道大难来临，恐怕没有人会甘心束手就擒。所以，在坑杀秦兵降卒之前，项羽和英布等人应该是设计了一套计谋来蒙蔽他们的。

有人推测，降兵应该是首先被集中起来去做一件事，这件事或许就是挖坑。此时，他们应当没有意识到危险的来临，因此毫无防备。当大坑开挖到降兵们无法攀爬的高度时，那些原本监督他们干活的六国士兵，突然变得狰狞起来。无数的长矛铁枪对准坑内的躯体，然后箭雨如飞，接着是扔下石头和泥土……

一场惨绝人寰的血腥屠杀，或许就是这样在我们目光已无法企及的地方蔓延开来。

根据史书记载和后人的考证，项羽坑杀二十万秦军降卒的地方，位于今河南义马二十里铺一带。修建陇海铁路的工人曾在此挖掘出累累白骨。如今存在的遗址是一个东西长四百米、南北宽二百五十米的土坑（后人称之为“楚坑”或“万人坑”）。直到 20 世纪 70 年代，当地农民在此处平整土地时，还常常挖出大量人骨。

据说在屠杀发生若干年后，土坑的遗址上，时常会在夜晚闪现磷火。那些从腐烂的尸骨中分解出来的气体，总是不经意间悬浮在地面之上，并随着气流淡淡地飘移。到唐朝时，大诗人杜甫途经这里，曾留下“项氏何残忍，秦兵此处坑。愁云终古在，鬼灿至今明……”的诗句。

如今，楚坑虽经两千多年的风蚀雨淋，其势颓败，而规模却依旧清晰可辨，但再也不会有人在夜里专门去看那里的磷火了。这个早已风平浪静的地方，每逢春天来临，就会开满鲜艳的桃花和金黄色的油菜花，它们和四周碧绿的麦苗、高大的白杨组合在一起，使远远近近的村庄，都笼罩在油画般的色泽之中。一瞬间，几乎让人忘却，这里曾经埋藏着让人心惊胆战的历史。

然而，历史毕竟来过，无论如何，它都不应该被忘记——因为，唯其如此，才能让我们知道，远离战争的人们是多么幸运，而和平又是多么珍贵，多么值得珍惜。

有惊无险鸿门宴

有人请客吃饭，正常情况下都是好事一桩。但对刘邦来说，却吃得那么凶险……

坑杀完秦卒，扫除后顾之忧后，项羽放心地前行。

然而当他来到函谷关时，发现函谷关已经被关闭，派兵守关的不是别人，正是他曾经的老搭档刘邦。

虽然前路被阻，一开始项羽还是挺和气的，只是朝关上叫道：“我是项羽！赶紧给我开关，带我去见沛公。”

他本以为守卒一听自己大名，多半都会吓得屁滚尿流地跑来开门。

没想到那守卒却是个“浑不吝”，居然用满不在乎的语气说道：“我管你像雨像雾还是像风，没有沛公的命令，你就只能在外边喝西北风！”

项羽一听，气得差点从马背上跌下来。好你个小子，我今天一定给你点颜色瞧瞧。

于是命令进攻函谷关。

函谷关西据高原，东临绝涧，南接秦岭，北塞黄河，而且建在山谷之中，历来有“一夫当关，万夫莫开”之誉。

然而在项羽面前，这都算不了什么。

只见英布与蒲将军领军架上云梯往关上冲，项羽则在后面督战。守关的士兵不断放箭射，搬石头砸，爬梯的楚军尸体堆成了小山坡，但是进攻的楚军惧于项羽的威名，都不敢后退，死命往上冲。

守关的士兵其实并不多，大约千余人，哪里顶得住项羽几十万大军这么没命地往上冲。没用几个时辰，号称牢不可破的函谷关便告攻破。

其实刘邦起初并没有派兵驻守函谷关的打算，而是想和项羽好说好商量。然而有人给他出馊主意，说项羽已封章邯为雍王，如果章邯随项羽到来的话，关中肯定没您的份了，不如派兵把住函谷关，这样关中不就是你的了吗?

这个建议从刘邦和项羽当时的实力来说，当然不具可行性。然而刘邦头脑一热，居然照做了。

照做的后果就是，不但函谷关被攻破，而且惹得项羽怒火中烧，不停叫嚣着要宰了姓刘的那老小子。

就在这时，又有人添了一把火。

这个人是刘邦的左司马（掌管军政的副官）曹无伤。曹无伤见项羽来势汹汹，吓得不行，为了保全自己和家人的性命，暗地里派人向项羽告密，说刘邦想要在关中称王，让秦王子婴为丞相，而且已经把秦国宫殿中的珍宝都搬到家里去了。

原本就七窍冒烟的项羽在获悉了这一消息后非常生气，立即就要发兵踏平咸阳，灭了刘邦。

老谋深算的范增早就敏锐地意识到，在众多诸侯王和义军中，唯有刘邦才是项羽争夺天下的对手，因此他极力赞同项羽的主张，而且还进一步怂恿说：“从前的刘邦既是财迷又是色鬼，现在入了关，他却既不贪财，也不好色，跟从前简直判若两人，我看他是胸有大志，千万不能小瞧了他。你说得太对了，咱们就是应该赶快出击，不然夜长梦多，以后后悔都来不及了。”

心高气傲的项羽听了范增的一番话后，决定次日出击。

其实当时项羽的军队已到达鸿门，离刘邦的驻地霸上不过四十里。要是项羽当真连夜去劫刘邦营寨的话，后面会怎么样还真不好说。

当然，历史无法假设。

鸿门位于今陕西临潼境内，北临渭河，南依骊山，原本是一个小村落。如果不是因为两千多年前刘邦和项羽那场著名的“鸿门宴”，这村子恐怕鲜为人知。

那么，原本准备第二天一早就把刘邦灭了的项羽，又怎会和刘邦坐在一起吃饭呢?

一切都源于项羽不该让一个人得到消息。

这个人就是项伯。

项伯是项羽最小的叔父，也是张良的朋友。当年，项伯犯了杀人罪，是张良救了他。

滴水之恩，当涌泉相报，何况是救命之恩！于是项伯连夜跑到刘邦军营通风报信，以免第二天张良与刘邦同归于尽。

是的，他根本没打算救刘邦，只想救张良。

然而张良却不肯独善其身。

项伯倒也理解张良的做法。说来也是，如果张良不仗义，当年就不会救项伯。项伯既然认可和感激张良的义气，也就不能不同意张良去打声招呼。不辞而别，总不够意思吧?

结果，张良把情况全部告诉了刘邦。

刘邦“吓得”汗流浃背。

这也不奇怪。当时，刘邦军号称二十万，其实只有十万；项羽军四十万，号称百万。双方兵力悬殊，刘邦被“吓到”也是很正常的。

张良也懒得安慰，直接问：“沛公为什么要出兵守函谷关？”

刘邦知道，张良其实是在问自己“是否真要背叛项羽”？就当时的情况来说，张良并不赞成与项羽撕破脸。因此，刘邦很清楚，自己既要实话实说（说谎话会很难取得张良的信任），也不能全然认账（否则就等于坐实了背叛的指责）。

那该怎么回答？

刘邦不愧是刘邦，情商和智商都极高。他几乎不假思索便回答说：“确实有个小王八蛋给我出了个馊主意，说只要把项羽等人挡在关外，我就能在关中称王。”

张良松了一口气。

因为误听谗言总比自作主张处心积虑要谋反的好，这就还有回旋余地。

最重要的是，张良认为刘邦是在据实以告。

于是张良又问：“那您认为我们打得过项羽吗？”

刘邦想了大半天，然后苦笑着说：“打不过！”

应当说，此时刘邦无力对抗项羽，是明摆着的事，那他为什么还要考虑半天才回答呢？盘算？评估？要面子？表示认真？谁也说不好，也许兼而有之，但一定是刘邦当时真实的心理反应。

接着刘邦问：“怎么办？”

张良深吸了一口气说：“也只能请项伯帮忙了。”

这时，刘邦再次表现出了他高人一筹的情商和智商。他问张良：“先生与项伯，谁的年纪大？”

张良说：“我以项伯为兄。”

刘邦毫不迟疑地说道：“烦请先生请他进来，我以兄长之礼见他。”

显然刘邦这话是说给张良听的，因为他并没有比较自己和项伯的年纪。意思也很清楚，咱俩没什么好说的，一对铁哥们儿。你张良的哥，自然就是我刘邦的哥。至于我和项伯谁的年纪大，根本就不重要。

当然，以刘邦的沛公身份，加之毕竟也是一军之首，尊项伯为兄，也给足了项伯面子。

就这样，堪称危机公关高手的刘邦很快见着了项伯。

一桌好酒好菜是免不了的。

事实上搞定项伯还真是一顿饭的事。

刘邦不停地劝酒劝菜，不断地奉承，并一再要求和项伯结成儿女亲家。取得项伯的欢心后，刘邦装着委屈的样子说："我攻破咸阳后，秋毫无犯，登记了官民的户口，查封了各类仓库，不敢私自动一点东西，天天就像盼星星盼月亮一样盼望着项将军的到来。我之所以派兵把守函谷关，纯粹是为了防备其他盗贼窜入等意外情况发生，哪里敢谋反啊！希望您转告项将军，我刘邦是绝不敢忘恩负义的。"

这席话，刘邦说得大言不惭。

没错，一文不取，退出咸阳，还军霸上，都是事实。但真实原因，只有他和张良心知肚明，而张良是不会点破的。

三杯酒下肚，项伯哪里顾得上考虑刘邦有没有花花肠子，而是全盘接受了刘邦这一套花言巧语。只是在临别时告诫刘邦，项羽那边的事他来搞定，但刘邦明天一定要早早来向项羽谢罪。

刘邦连忙"一定一定……"说个不停。

项伯连夜回到营中，把刘邦和他说的话全部向项羽说了一遍，并夸大了刘邦对项羽的敬畏之情。项羽的虚荣心得到了满足，火气去了不少。

第二天一大早，刘邦带着张良、樊哙等亲信来鸿门见项羽。项羽见刘邦态度谦恭有礼，怒气顿消，随即设宴款待刘邦。

但这餐饭并不好吃。

不好吃的原因，在范增。

前已述及，范增认为刘邦进入咸阳后，居然改掉了贪财好色的毛病，这样一个能克制自身欲望的人，一定不是个简单的人！因此极力主张杀掉刘邦。

可惜，这是范增的看法，项羽却并不这么认为。

所以，无论范增在席间如何使眼色，项羽都视而不见。范增又频频举玉玦（玦通“决”，暗示决断），项羽仍然视而不见。

范增只好自己动手。他出门找来项羽的弟弟项庄，对他说：“项王心肠太软，不忍下手。你进去上前祝酒，祝酒完了，再请求舞剑助兴，趁机把刘邦杀掉。不然的话，我们大家都将成为他的阶下囚！”

项庄一口应承。

可惜范增的用心被项伯看破，他也拔剑和项庄对舞，并时时以身体遮挡刘邦，使项庄无法按计行事。

张良已坐不住了，偷偷跑出帐外找樊哙。

樊哙问：“怎么样了？”

张良说：“不好。项庄舞剑，意在沛公。”

樊哙一听，不顾门卫的阻拦，强行进入帐内。与项羽怒目相向，头发向上直立，眼眶几乎爆裂。

项羽按剑而起问：“这谁呀？干什么的？”

张良说：“他是沛公的‘警卫员’，叫樊哙。”

项羽打量了一下樊哙说：“看样子像个壮士！赏他一杯酒。”

樊哙拜谢，接过酒一饮而尽。

项羽又说：“再赏给他一只猪前腿。”

手下人也缺德，给了樊哙一只生猪腿。樊哙二话不说，一屁股坐在地上，拔出剑来在盾牌上切猪腿，边切边吃。在场的人一个个看得目瞪口呆，只有项羽大为欣赏。

项羽说：“嗬！还真是个壮士！能再喝一杯不？”

樊哙说：“老子死都不怕，还怕多喝一杯酒！”

接下来，樊哙一边喝酒，一边拿出卖肉时的吆喝工夫，慷慨陈词，痛斥项羽。

樊哙说：“秦王像虎狼一样凶狠，杀人唯恐不能杀尽，处罚人唯恐不能用尽酷刑，所以天下的人都背叛了他。楚怀王曾经和诸将领约定，谁先打败秦军进入咸阳，就封谁为关中王。现在沛公先打败秦军进入咸阳，但他什么东西都不敢动，乖得像一只绵羊恭候着您的光临。然而我听说大王您不但不赏赐，反而听信小人之言要杀沛公，请问天理何在？如果您真的这样做，跟暴秦又有什么区别？”

项羽无言以对，只是动了动手指，示意樊哙坐下。

樊哙顺势在张良旁边坐下，大家继续喝酒。

一直都在琢磨着如何开溜的刘邦眼看时机成熟，果断地以上厕所的名义离开了宴席，并在离开之际向樊哙和张良各使了一个眼色，示意他俩跟随自己出来。

一出项羽营帐，张良便劝刘邦赶快回军营，这里交给自己应付。

刘邦当然是一分钟都不想待了，但他又为是否应该进去向项羽辞行而犹豫不决。

樊哙着急地说：“做大事情不必顾虑细枝末节，生命关头这些小礼节不遵守又何妨。现在人家正像切肉的刀和砧板，我们是鱼和肉，还辞什么行？”

于是，刘邦就叫张良留下向项羽辞谢，自己先行溜走。临行前，他拿出一对白玉璧和玉杯，让张良代替他献给项羽与范增，还特意叮嘱张良：“等我跑远了，你再进去见项王。”

说完，带着樊哙，顺着骊山脚下的一条小路，小跑着往自家军营奔去。

张良估摸着刘邦已走远后，才回到营帐向项羽辞谢，说：“沛公不胜酒力，醉得脚步踉跄，没法向大王辞行，已先行离去，他走时特意留下了玉璧和玉杯各一对，玉璧送给大王您，玉杯送给范增将军，还望二位笑纳。”

项羽一边接过玉璧，一边大笑着说：“沛公真是不胜酒量啊！”丝毫不在意刘邦的不辞而别。

一旁的范增则愤怒不已，他接过玉杯，一剑将其砍碎，然后仰天长叹道：“唉，他日夺取项王天下的，一定是沛公，我们这帮人也即将成为他的俘虏……”说完头也不回地拂袖而去。

历史上著名的饭局“鸿门宴”就此落幕。

那么，在鸿门宴上项羽为什么不杀刘邦呢？

这是千百年来人们一直在问的问题。

是啊，项羽为什么非要把已吞到肚里的刘邦又给吐了出来呢?

有人说，是项羽不屑于杀；也有人说，是项羽不忍心杀；还有人说，是项羽怕招致诸侯的不服而不敢杀。

又或者，这些原因都兼而有之吧!

无论如何，鸿门宴的和平结束，不仅标志着秦末农民起义中风云人物项羽悲剧命运的开端，也记载着秦末历史转折的关键性的一幕。

从此，刘邦和项羽两集团之间的关系发生了微妙而实质的变化，一场大战又将一触即发。

项羽操刀分割天下

实力最强的项羽自然最有话语权，于是他废弃“怀王之约”，自己操刀分割天下……

从鸿门宴上全身而退后，刘邦心中仍然后怕不已。除了一刀结束了内奸曹无伤的性命外，他规规矩矩地驻军霸上，不敢有丝毫异动。

项羽很是满意刘邦的表现，也就彻底打消了消灭刘邦军队的念头。

不远处就是咸阳城了。

项羽举目一望，心中的热血沸腾起来。此时此刻，他的仇人，正躺在骊山的坟墓中，而仇人的子孙们，却依然活得很潇洒。项羽是个记仇的人，他的爷爷，他的叔父，他的很多亲人，都死在秦人的屠刀下。

此仇不报，何为男人?

项羽命令全军火速进入咸阳城，接着又是一纸命令：给我尽情地烧！给我尽情地抢！给我尽情地杀！总而言之，极尽破坏之能事。

一时间，咸阳城陷入一片空前的劫难中。

咸阳百姓惨遭屠戮，秦王宗室、官吏死无葬身之地，秦王子婴也人头落地。那些原本让刘邦垂涎三尺的秦宫里的美女、宝物，统统成了项羽的囊中物。

搬不走的，项羽也没打算留给别人。他将秦朝宫殿付之一炬，其中就包括那令人神往的阿房宫，据说大火烧了三个月还没熄灭。如果这些留传下来，肯定是中华文明的瑰宝。

原本繁华富庶的咸阳城，就这样变成了一座死城，一片废墟。

项羽看着自己的“杰作”，看着到处瑟瑟发抖的那些侥幸活下来的秦人，心情出奇地舒畅。

是的，他获得了财富，获得了美女，获得了复仇之后的快感，他是不折不扣的胜利者。

然而，他却失去了一样最重要的东西——人心。

百姓的眼睛是雪亮的，谁对他们好，谁对他们坏，他们心中一清二楚。

历史是残酷的，也是公正的。得民心者或许不一定得天下，但失民心者必定失天下。

好勇斗狠的项羽当然想不到这些，也没时间想这些，因为他已决定将掠来的财宝和女人运回彭城去，而准备工作是很繁杂的。

一位姓韩的读书人（人称韩生）觉得项羽此举不妥，便向他建议说：“关中沃野千里，易守难攻，是周、秦两代的发祥之地。建都于此，可以称霸天下，何必还要回到彭城去？”

应当说，韩生的话是极富远见的。然而项羽“哼”了一声后说道：“富贵了不回故乡，那就好比穿着漂亮衣服在黑夜里走，谁看得见？有意思吗？”

韩生似乎对项羽这种“暴发户”心态有些看不惯，忍不住冒出一句话来：“人说楚人就像猴儿戴了顶帽子，也就人模人样而已，果不其然。”

至此，项羽又为我们留下了两个成语：衣锦还乡，沐猴而冠。

不过项羽回家之前，还有一件事情要做。那就是，此时刘邦还驻军霸上，项羽一走，刘邦势必就会顺理成章地成为关中之王。这当然是项羽所不能接受的。

于是，项羽和范增经过谋划，想到了一个极佳方案，并派人向楚怀王汇报，让这位项羽名义上的上司撕毁当初的约定。

然而，楚怀王还真是一个不怕死的男人，一条小命捏在别人手里，却还敢做无畏的抗争。他当即回话说，说出去的话，泼出去的水，怎么能想收就收回来？一切“如约”！

项羽大怒决定废弃怀王之约，由自己操刀，分割天下这块大蛋糕。

就当时的项羽而言，他的选择不外乎有三种：一是回到战国；二是继承秦帝国；三是重起炉灶，建立新的秩序和制度。

回到战国，就是实行“怀王之约”，承认王政复兴的正统，这已经被项羽否认了。

继承秦帝国的体制和秩序，就是重建统一帝国，由自己来做皇帝。我们知道，自从秦末天下大乱以来，各诸侯各义军殊死战斗，其根本目的，就是要消灭秦帝国及其体制。这是大家共同的目标和愿望，是难以违逆的。况且，秦帝国和秦王国只是扩大和收缩之别，继承秦帝国首先必须继承秦王国的领土和臣民。项羽坑杀秦军降卒，破坏秦都咸阳，已经表明了彻底摧毁秦帝国，绝不让其死灰复燃的决心。也就是说，项羽根本无意做皇帝。

最终项羽选择了第三条路。他折中古今，调和现实，在中国历史上首次实行了霸王主持下的封王建国。

为达成目标，项羽决定分三步走。

第一步，宣布立楚怀王为皇帝。这时已是帝国时代，立皇帝并无问题。既然秦始皇叫“秦帝”，那楚怀王就该叫“楚帝”，然而项羽却叫他“义帝”，并宣布将其迁徙到当时尚未开化的位于南楚地区的郴县（今湖南郴州）。

义，有假借的意思，比如义父、义子、义齿、义肢。所以，义帝就是“假皇帝”。

既然是假皇帝，就管不了真问题。项羽便对将领们说：“怀王是我项氏所立，一点功劳没有，岂能专断主持天下公约！天下纷乱之初，暂时拥立六国后人为王以诛伐暴秦。然而，灭秦定天下，靠的是诸位兄弟的力量。所以，这天下应该由我们自己来分。”

这些将领跟随项羽征战多年，大家利益又一致，自然都表示愿意听从项羽的安排。

于是项羽便分封了十八个诸侯王，这是他的第二步。

刘邦被封为汉王，拥有巴（约今重庆市）、蜀（约今四川省）、汉中（今陕西省秦岭以南即湖北省西北部）三郡，都城为南郑（今陕西汉中，因春秋时期郑国人南逃到此而得名）。

其实汉中这块地方，还是刘邦通过张良向项伯行贿，走后门才得到的。项羽封给他的，原本只有巴和蜀。

没有得到意想中的关中之地，刘邦的失望和不满溢于言表。

项羽却理直气壮地对刘邦说：“我听说巴蜀大地沃野千里，四季如春，风景优美，人称天府之国。我封你为汉王，是看你老大不小了，待在那么富饶美丽的地方安度晚年，有什么不好吗？”

也不知项羽这话是怎么说出口的。

我们知道，今天的巴蜀大地当然是“天府之国”，但当时的巴蜀却是天下最烂的一块地盘，其恶劣之处远胜流放楚怀王的郴州。秦末年间且不说，近千年后的盛唐时期，大诗人李白都还在著名的《蜀道难》一诗中发出这样的哀叹：“蜀道之难，难于上青天！”可以说，在那样一块地方，高山阻绝，飞鸟难越，人只要进去了，就跟肉包子打狗差不多，有去无回。又过了好几百年后，明朝时期的谚语仍然说，“天下未乱蜀先乱，天下已治蜀未治”。

用这样一块地方酬劳大功臣，讲得通吗？

讲不通。

但刘邦很清楚，现在不是讲道理的时候，项羽也不是讲道理的人。他只能忍气吞声，先去汉中再说。

尽管这样，项羽似乎仍然觉得不过瘾，他干脆发扬把坏事做绝的作风，一不做二不休把关中切成三块，分别赐给三个秦朝降将：章邯得一块，封雍王；司马欣得一块，封塞王；董翳得一块，封翟王。

秦地三分。从此，关中又被称为三秦之地。

从地图上看，刘邦的汉中之地，无情地被章邯等三人所围堵，要想东出非常困难。乍一看去，汉中就是天牢，刘邦就是落水狗，三秦就像三面结实的围篱。如果刘邦想要夺门而出，估计还没冲到第三个关卡，项羽早就闻声赶来，将其围歼了。

这样的谋略，估计项羽想破脑袋也想不出来，这自然是范增的杰作。从军事角度看，这样的安排真是完美无瑕、无懈可击。

只可惜，老道如范增，猜到了故事的开头，却没有猜到故事的结尾……

他们认为，搞定了刘邦这块硬骨头，其他诸侯王的分封自然就很简单了。

接下来的第三步，是项羽对自己的安排。他自称“西楚霸王”，定都彭城。

分封完毕，几家欢乐几家愁。

这时已是汉元年（前 206 年。虽然公元前 202 年刘邦才称帝，但史学界计算西汉年数时，为了与秦朝灭亡的时间相接，通常从公元前 206 年刘邦称“汉王”算起）的四月，秦帝国灭亡已经半年。各路诸侯怀着不同的心情走向自己的封国，项羽也动身回彭城。

一路上，项羽的心中充满了衣锦还乡的得意和喜悦。他完全没有想到的是，自己的败亡其实已经进入了倒计时。

第十章

彻底撕破脸

天下乱成了一锅粥

项羽分封天下，纯粹就是“乱点鸳鸯谱”。很快，诸侯们就打成了一团……

项羽分封诸侯一个月后，天下就乱成了一锅粥。

不乱才怪。

因为项羽在进行权力和利益再分配时，仅凭一己之好恶，全无章法和规矩。

比如，他把原来的燕王韩广贬到辽东，改称辽东王；把原来的赵王赵歇打发到代国，改称代王，赵国的国号也被取消，国土则一分为二。怎么看，这都像是在胡闹。

在对待韩成上更是不像话。

韩成虽然封号如旧，仍为韩王，但因其跟过刘邦，项羽便不让他到封地去，而是把他软禁在自己身边，带到了彭城。

刘邦虽然被封了汉王，行动也自由，但项羽安排的三个“守门神”，就像鹰犬一样时刻关注着他的举动，这让刘邦的心情糟糕透顶。可有什么办法呢？胳膊拧不过大腿，刘邦唯一能做的，就是率所有人马前往汉中。

张良的心情也很糟糕。他原本想和韩王韩成一起，回到故地一展抱负与才华，没想到韩成却被项羽无端扣押。张良只好在送走刘邦后，独自一人闷闷不乐地回到韩国。

在辞别刘邦之时，张良给予了刘邦一则建议：在西出秦关前往蜀地时，烧了沿途的栈道。

“栈道”又称“栈阁”之道，是古代中国交通史上的一大发明。当时，人们为了在深山峡谷通行方便，便在河水隔绝的悬崖绝壁上用器物开凿一些棱形的孔穴，孔穴内插上石桩或木桩，上面横铺木板或石板，可以行人和通车，这就叫栈道。

虽然现代公路已经成网，但在交通闭塞的山区，仍有类似的栈道供人、畜通行。

由此可见，在两千多年前，在“蜀道难，难于上青天”的巴蜀大地，栈道是何等的重要！

那么，张良为什么还要出此主意呢？

其实，这是一个“烟雾弹”。

张良深知刘邦早晚会杀回三秦大地，项羽也深深担心他日刘邦会卷土重来，所以这一把火其实是烧给项羽看的，借此表明刘邦安心于汉并无反意；同时，这一把火也是烧给关内三个项羽嫡系（章邯、司马欣、董翳）看的，是在告诉他们，哥几个就踏踏实实地待在三秦大地上享乐吧，不用再劳心费神地盯着我刘邦了，因为我压根儿就没打算再回来！

帮刘邦放完“烟雾弹”的张良刚刚踏上故国的土地，就获得了一个来自彭城方面的坏消息：西楚霸王项羽先将韩成由王贬为侯，然后又将其谋杀，另立郑昌为韩王。

张良知道情况不妙，拔腿就跑，一直跑到了汉中。

就这样，秦末汉初一代杰出人才张良，彻底被项羽逼入汉营，跟他作对到底。

不过这时的项羽还没有机会领略张良的厉害，因为另一位“猛人”已经先行跳将出来，跟他作对了。

这位“猛人”是田荣。

田荣的反叛也跟项羽的胡乱分封密切相关。

原来项羽将齐国一分为三，齐将田都和田安因曾经帮助过自己，项羽分别将他们封为新齐王和济北王，二人占有齐国的绝大部分土地。原来的齐王田福则被贬往弹丸之地的胶东，称为胶东王。至于齐相田荣，寸土不封。理由是当年项梁跟章邯作战时，田荣不肯出兵，项羽要报复他。结果田荣大怒。

汉元年四月，各路诸侯离开咸阳奔赴封地，五月田荣就反了。

相比田都、田安、田福这些平庸之辈，多少有点才华的田荣自然所向披靡。先是田都被赶到楚国寻求政治避难去了，而后是田福被追杀身亡，最后田安也没能抵挡住田荣的攻击，国破身亡。

被分裂为三大块的齐地再一次被田荣轻轻松松地吞并了。田荣也丝毫不客气，立马自封为齐王。

在此期间，田荣还收编了与刘邦在昌邑分别后四处游荡的彭越的土匪队伍。在攻打田安的战斗中，彭越出力不少。

与此同时，陈馀也反了。

陈馀不反是不可能的。

项羽分封时，将张耳封为常山王，占有原来赵国的土地。张耳的部下也封了王。而自认为与张耳“一体有功”的陈馀却只封了个侯（何况赵歇也被贬为代王），这口气怎么咽得下去？

因此，当看到田荣在齐国大开杀戒并称王后，陈馀便派人去向田荣借兵，准备赶走张耳迎回赵歇。

或许是因为都没封王，有一种“同病相怜”的感觉吧，田荣爽快地答应了。

没想到张耳实在不经打，与陈馀借来的齐兵交战没多久便溃败不堪。

在逃命的路上，一个很现实的问题令张耳万分纠结，是该投靠项羽，还是应该投靠刘邦？最终，在部属的建议下，张耳选择了刘邦。

赶走张耳后，陈馀全面收复了赵国的土地，并将赵歇迎回来重新立为赵王。而赵王则作为回报，封陈馀为代王。

除了田荣、陈馀外，被项羽封为燕王的臧荼也不甘落后，到了封地没多久，就出兵毗邻自己的辽东，杀掉了辽东王韩广，并将其土地全数兼并。

至此，项羽所分封的十八个诸侯中，几乎有一半出了状况，而此时距离他分封诸侯才不足半年时间。

项羽的愤怒可想而知，他当然不允许这样的乱象持续下去。为此，他决定首先北上讨伐实力最强的田荣。

这是一场没有悬念的战争，就田荣那点能耐，哪里是西楚霸王项羽的对手。战争最后的结果是田荣战死，齐国百姓惨遭屠戮。

然而项羽的疯狂杀戮并没有让齐国人屈服，他们自发聚集在田荣弟弟田横麾下，发誓跟项羽对抗到底。

就在项羽准备集中优势兵力，围歼田横军时，传来一条让他震惊的消息：汉王刘邦不仅已经挥师东进杀进了秦关，灭了秦地三个王，吞下了整个三秦大地，而且还准备剑指西楚京师——彭城。

刘邦怎么会在短短几个月时间内，突然脱胎换骨，变得如此生猛呢？难道有天兵天将助他不成？

天兵天将当然不可能有，那是神话传说，但刘邦确实得到了一个“神人”的帮助。

这个人，就是秦末汉初的军事奇才——韩信。

有了韩信，刘邦如虎添翼。

非凡之人，行非凡之事

“怀才如怀孕，时间长了才会被看出来。”——韩信的经历似乎可以说明这句话有其正确性……

韩信，江苏淮阴人，他打小就父母双亡成了孤儿，靠别人的救济为生。长大后，由于无钱无势，加之性格放纵而不拘礼节，因此入仕为官断无可能；想做点小买卖谋生，又缺乏本钱和吃苦耐劳的精神；就连混“黑社会”都无可能，因为胆子不够大心眼不够黑；最后只好流落成一个街头小混混，经常厚着脸皮到处蹭饭吃。时间一长，当地人都很讨厌他。

有一次，韩信在一个亭长家里蹭了好几个月饭，亭长的妻子烦透了。

一天，亭长家早早地把饭吃完，韩信按时到来，等了好久都没见亭长家有吃饭的动向，正犯嘀咕呢，亭长老婆朝他一顿白眼。韩信毕竟聪明，领悟到其中的深意，于是再也不去他家蹭饭了。后来，他跑到淮阴城下，开始钓鱼，有时候钓得了几条，能卖些钱，有时候钓不到，只能饿着肚子。

淮阴河畔，有很多老妇人在那里洗衣裳，经常可以见到韩信，一来二去，大家都熟识了。其中有一个漂母，见韩信怪可怜的，总会将自己的饭食分给韩信。

韩信既感动又感激，便对漂母说："有一天我发达了，一定会好好报答您！"

那漂母却有些不高兴地说："我是看你可怜才给你吃的，难道是贪图你报答我吗？"

后来韩信显贵后，果真想以千金酬谢那位老妇人，可惜她已经不在人世。不过这也说明韩信是一个懂得知恩图报的人。

其实韩信不但懂得知恩图报，而且还能以德报怨。

有一次，韩信挎着父亲遗留下来的宝剑在淮阴城里四处闲逛，被一个身高体壮的屠夫拦住了去路。

屠夫凶神恶煞地对韩信说："你就一穷鬼，一天到晚带把破宝剑到处显摆啥？你不觉得丢人吗？"

韩信本来就是个流浪汉，还有什么丢人不丢人的，因此没搭理这个屠夫，准备从一旁绕过去。

哪知这屠夫却不依不饶，又拦住韩信并指着他的鼻梁骨说："你这胆小鬼就想这么溜走啊？没门儿！我告诉你，你今天有胆就把我杀了，没胆就从我胯下钻过去！"

满大街的人见有热闹可看，纷纷留住脚步，几个跟随屠夫的人更是跟着起哄。

其实这位屠夫不过是在拿韩信寻开心，吓唬吓唬他，过过嘴瘾罢了，如果韩信抽身而去，顶多引来一片讥笑，没什么大不了的。

但是，出乎所有人的意料，韩信一没有杀人，二没有逃跑，而是真的从屠夫的胯下钻过去了。

这就是著名的“胯下之辱”。直到两千多年后，人们仍然喜欢拿这个故事来告诫他人或劝慰自己：要做成大事，有时候需要忍气吞声。

当日的韩信是否也持此认知，我们无从知晓，但他日后的做法却为很多人所不及。

后来被封楚王后，韩信找到了曾侮辱自己的这个屠夫，但并没有找他算账，而是赐以金银珠宝，并封他为中尉。

可见，一个能做成大事的人，无论忍耐力、思维模式还是处世方式，确实有不同寻常之处。

秦末大乱后，韩信也许觉得这是一个“乱世出英雄”的机会，也许不过是想趁“浑水”摸一把“鱼”。总之他投了军，而且是投在项梁军中。可惜他并未受到重用，不过是一个站岗放哨的侍卫，按史书的说法叫“官不过郎中，位不过执戟”。后来项梁战死，项羽继承了军队的领导权和指挥权后，韩信的地位依然没什么变化。

为了引起项羽的注意，韩信曾几次壮起胆子建言献策，然而项羽不但不予理睬，反而训斥他说：“你的任务就是站岗放哨，保证我的人身安全。出谋划策这等军国大事，岂是你小小的执戟郎中能做得了的？”

韩信接连碰了几次壁，心中失望，觉得继续留在项羽身边前途灰暗，内心渐渐生出去意。

项羽分封诸侯后，当刘邦去往汉中时，韩信听说汉王宽厚仁义，重视人才，于是离开项羽，投奔了刘邦。

然而跳槽不是跳高，韩信在刘邦那里也未见高升。如果不是因为触犯军法，依律当斩，他也许永远都没有出头之日。

韩信犯了什么罪？史无记载，不清楚。我们只知道，当时同案犯十三人，除了韩信，全部已被处决。轮到韩信时，他抬起头来，正好一眼看见了负责行刑的刘邦的亲信夏侯婴。

于是韩信便朝夏侯婴大声喊道："汉王不是要成就天下大业吗？为什么要杀壮士？"

夏侯婴觉得这个人有胆识，又见他相貌威武，便免他一死，并跟他聊了会儿理想和人生。结果一聊发现韩信很有想法和见地，于是就汇报给了刘邦。

可惜刘邦仍然没把韩信当回事，只是给了他一个军需官做，负责管粮。然而韩信志不在此，依然郁郁寡欢。

幸运的是，他有机会认识了自己的顶头上司——萧何。

粮食属于后勤工作，萧何是总管后勤的丞相，韩信自然有机会与萧何接触。

时间稍长，善于识人的萧何发现韩信不得了，堪称"国士无双"，完全可以帮助刘邦称霸天下。

不过不知为何，萧何一直未向刘邦推荐韩信，也许是在等一个合适的时机吧！

韩信却等不及了。

他认为萧何已经在刘邦面前多次保荐过自己了，可是汉王却一直不肯加以重用，那说明自己不是刘邦的"菜"，再在这里待下去也没什么意义，于是找了一个机会逃跑了。

韩信打算上哪？不清楚。总之，他不辞而别。

萧何听说韩信逃走，大惊，他甚至来不及跟刘邦打声招呼，心急火燎地拔腿就追。追了一两天后，终于追上韩信，并将他成功劝回。

史书关于此事的记载，大致如此。至于萧何是在白天还是夜晚追的韩信，追到了何处，又是怎样将其成功劝回的，并无确切记载。然而戏剧故事和民间传说却大加演绎，最终将这一段故事演变成了"萧何月下追韩信"的典故，后世还因之将萧何视为识得人才的典范。

只可惜，这个故事有个美丽的开始，却没有美丽的结尾。此刻成功追回韩信的萧何，他日又成功地将韩信骗进长乐宫并将其杀害，正所谓

“成也萧何，败也萧何”。

再说萧何离营去追赶韩信后，刘邦又伤心又愤怒，因为他以为萧何逃跑了。

实际上自从刘邦一行离开咸阳前往南郑，军心就不稳定。刘邦的部下多半是南方人，项羽都知道衣锦还乡，他们难道不想？因此，“开小差”的接连不断。现在，连丞相萧何也跑了，刘邦岂能不气急败坏，手脚冰凉？

所以一见萧何回来，又喜又怒的刘邦不由分说地破口大骂：“快说，你为何要逃走？”

萧何说：“我没逃啊，不过是追人去了！”

刘邦问：“追谁？”

萧何说：“韩信。”

刘邦又骂：“这不扯淡吗?! 那么多将领逃亡，没见你追，为什么要追韩信？你骗谁？”

萧何凛然正色说：“一般将领，逃离一些也无足轻重。唯独这韩信，国士无双，一代英雄，岂可让他离去！”说到这里，萧何加重了语气：“如果沛公只想在汉中了此一生，那有没有韩信也无关紧要。如果还想有所作为，那就非重用韩信不可了。”

刘邦说：“我何尝不想东进，谁肯一辈子待在这里。”

萧何说：“既然如此，那就必须重用韩信。能重用，韩信就会留下来。否则，他迟早还会走。”

刘邦见萧何言辞恳切，便说：“好吧，看在丞相的面子上，本王可以任用韩信为将。”

萧何说：“只封为将，韩信不会留下来的！”

刘邦挥挥手说：“那就当大将军好了，你叫他进来吧！本王当面封之。”

萧何叹了一口气说：“汉王啊，您这个人什么都好，就是不能礼贤下士，对人往往轻慢无理。如今您要任命大将军了，却如同呼唤小儿一般，这正是韩信离您而去的原因之一。您如果真想重用韩信，就该选择好日子，沐浴斋戒，修筑拜将坛，然后用隆重的礼节来任命他。”

刘邦毕竟不是一般人，他歪头想了一想，同意了萧何的要求。

拜将仪式结束后，刘邦找韩信谈话。他迫不及待地想要弄明白韩信是不是真有萧何说的那么出色。

刘邦问：“萧丞相屡次向本王推荐将军，那么将军今日有何见教呢？”

韩信却反问刘邦：“大王争夺天下，难道不是针对项羽吗？”

刘邦承认：“是啊。”

韩信又问：“大王自料自己比得上项羽吗？”

刘邦想了想，说：“不如。”

听闻刘邦这句话，韩信认为他是一个敢于面对现实而且坦诚的人，值得相随，于是敞开心扉，全面评论了刘邦与项羽的长短。

韩信认为，项王叱咤风云，无人能敌，有超凡的个人能力，但是他不能任用贤才猛将，只不过有匹夫之勇，这是其一；其二，项王见人恭敬慈爱，言语和善亲切，当别人生病的时候，他又是流泪，又是送汤送饭，但当部下有功应当封爵之时，他却捧着官印舍不得封赏，这样的人很难真正赢得人心；其三，项王虽然雄霸天下，但他不将位置险要的关中定为都城，而是定在他的老家彭城，显见其缺乏战略眼光。他还违背义帝之约，将自己亲近的人都封为王，因此诸侯都愤愤不平。此外，项王所到之处，杀掠一空，天下怨声载道，百姓并不亲附他，只是迫于其兵威而已。这说明项羽虽名为霸王，实际上早已失去民心，故此项羽虽强，却不能够得天下。

韩信的一席话让刘邦有“与君一席话，胜读十年书”的感觉。

韩信又趁热打铁，为刘邦支招。他说：“今天大王如果能反其道而行之，任人唯贤，重用天下勇武之士，论功行赏，以天下城邑封赏功臣，一定可以由弱变强。此外，大王的将士们本来就一心想着东归，一旦我们东进，将无人能敌。而且‘三秦王’做秦将多年，却叛秦降楚，还被封了王，秦地的民众一定恨他们恨到了骨子里。相比之下，大王入关时秋毫无犯，约法三章，赢得了秦地民众的心。

再说，按当初与诸侯的约定，谁先进入咸阳，谁就在秦地称王，关中的民众都知道此事。可如今大王却被项王赶到汉中，秦地民众肯定都为大王愤愤不平。因此，如果大王挥师东进，只需发一篇檄文出去，得关中简直易如反掌。”

韩信分析得头头是道，刘邦闻言大喜，连连表示相见恨晚。于是，他采纳了韩信的建议，制定了攻打三秦的作战方案。

一切准备就绪后，刘邦乘项羽进攻田荣之际，令韩信率十万汉军，潜行北进，经白水，出大散关，然后渡过渭水直趋陈仓（今隶属于陕西宝鸡）。

为了掩人耳目，韩信派遣数百士兵去修葺之前被刘邦烧毁的秦岭栈道。在韩信的授意下，将士们故意慢腾腾地修，还经常表演些打架斗殴之类的“节目”。目的只有一个，麻痹三秦军队，以策应主力部队的奇袭行动。

章邯果然中计，他料定栈道修复绝非易事，因此毫无戒备。

这边韩信却率大军从南郑故道（今陕西凤县西北）出发，绕过栈道，如神兵天降般经过陈仓直达章邯所在的雍城（今陕西宝鸡东、凤翔城南）。这就是历史上有名的“明修栈道，暗度陈仓”的故事。

章邯得知此事后，吓得目瞪口呆慌乱中只能仓促应战，最后一战即溃，只得弃雍城逃往废丘（今陕西兴平东南），路上遣人请求盘踞在栎阳（今陕西西安东）的司马欣和屯兵高奴（今陕西延安东北）的董翳前来救援，但是已经来不及了，韩信挥军乘胜追击，一举攻取了咸阳。然后不等司马欣和董翳前来，即调兵遣将主动进击，打得司马欣与董翳措手不及，大败而降。

逃往废丘的章邯好歹是一世名将，他眼看翻盘无望，自觉丢不起这个人，于是自杀身亡。曾经叱咤风云的一代名将就此淡出我们的视野。

至此，靠着韩信“明修栈道，暗度陈仓”的策略，刘邦几乎拥有了整个关中地区，成为名副其实的关中王。

霸王被摁上了被告席

义帝之死成为刘邦讨伐项羽的借口。从此二人形如水火，彻底成为敌人……

听说刘邦占有了八百里秦川，正在伐齐的项羽大怒，准备率军攻打刘邦。

这时有人送来一封信。

信是张良写的。张良在信中先是严词责备了刘邦一番，然后笔锋一转，说汉王只不过想按当年的约定，当关中王而已。如今侥幸得了关中，哪里还敢再东进？而齐国和赵国，却要联合灭楚，所以他们才是霸王您真正的敌人。

二十多岁的西楚霸王真是单纯至极，居然就信了张良的说辞，于是安心伐齐。

张良这封信，有着重要的战略意义，它在楚强汉弱的情况下延缓了双方的正面冲突，给刘邦集团以充足的时间来经营沃野千里的关中根据地。

一段时间后，得到休整的刘邦果断将战事继续向东蔓延，将刀锋指向了毗邻关中的韩国。

韩王郑昌还算对得起项羽的栽培之恩，虽然寡不敌众却也坚持战斗到最后，直至战死疆场也不曾投降于刘邦。

事实上，郑昌虽败犹荣，因为打败他的不是别人，正是小试牛刀的军事天才韩信。

郑昌既死，刘邦便另立韩国的太尉韩信为韩王。同名真的是件麻烦事。为了区别此韩信非彼韩信，史书只好将刘邦所立的这位韩信一律称之为韩王信。

此时，刘邦可能觉得自己已然闯出了点名堂，是时候让家人也享享清福了，加之他认为，与项羽开战是迟早的事，到时谁也不敢打包票说项羽不会拿家人来要挟自己。因此刘邦决定派一支精干的队伍自咸阳出发，去接他在沛县的老爹和妻子儿女。

这支小分队的首领是刚刚来到刘邦阵营的王陵。

王陵和刘邦本是同乡，不过二人并非同道中人。刘邦出身草根，王陵却是贵族。尽管刘邦做亭长时对待王陵就像对待自家兄长一样恭敬，王陵却总是看不上刘邦。刘邦起义后，王陵也拉了一帮人马单干，但实力一直比较弱，未曾掀起多大的风浪。也许是见如今的刘邦枝繁叶茂了，王陵觉得还是走近一些比较好，所以才率军加入了刘邦阵营。

不过，老练的刘邦一眼就看出了王陵并没有真心归顺，而是在试试看。但王陵为人的质朴少文和秉性耿直，又深得刘邦喜欢。为此，刘邦一直在琢磨，怎样略施小技让王陵“真心相许”。

恰好这时刘邦正准备派人回沛县接一家老小，他觉得把这样一件光荣而艰巨的任务交给王陵，不正显示自己对他的充分信任吗？

有过工作经验的人都知道，领导的充分信任是很容易赢得下属的真心拥戴的，因此王陵愉快地接受了任务。

这边王陵还未踏入沛县境内，那边项羽已得到了消息。不知是否是某些方面的秉性相近，项羽似乎对王陵的为人也较为认可，因此他也想将其拉拢过来。

不过相比汉王刘邦，这位西楚霸王的做法实在太过下作。

项羽打听到王陵的老妈还在沛县，立即派人将老太太接到军中，然后给王陵传话：“你老妈在我手里，如果你背汉降楚，你老妈便可毫发无伤；你要是不降，就别怪我心狠，让你落个不孝的罪名！”

王陵是个大孝子，一听说老妈被抓，顿时方寸大乱。他立即派人告诉项羽说，只要保证我老妈安全，其他都好说。

项羽听说王陵有背汉之意，大喜过望，当即设宴招待王陵派来的使者，并把王陵母亲请上宴席尊位。

酒足饭饱之后，老太太提出要单独和使者说几句话，问问儿子的近况。一向“缺心眼”的项羽不假思索就同意了。

没想到老太太却对使者说：“项羽残暴汉王仁义，世人尽知。所谓仁者无敌，我看项羽这小子根本不是汉王的对手，天下迟早是汉王的。你回去告诉我儿子，好好跟着汉王干，也不必牵挂我，我已经这把年纪了，不能再拖累他。”说完，她趁使者不备，拔出其佩剑自刎而死。

项羽听说王母自杀，气得差点儿吐血。

王陵得知母亲自杀后，咬牙切齿地说要把项羽碎尸万段，并从此真心实意地加盟了刘邦的阵营。

除了收拢王陵，刘邦在东征的路上，一直都在踏踏实实地执行萧何所确定的广纳贤才的战略。

效果最显著的，是他向项羽阵营的人发出了极具诱惑力的号召：“以万人若一郡降者，封万户。”也就是说，无论你是谁，只要你带领一郡或一万人的军队归降汉军，那么我刘邦就封你为万户侯。当然，如果你是西楚霸王所分封的诸侯王，投靠我刘邦之后，我依旧给你保留诸侯王的待遇！

这个世界从来都不缺乏有骨气的人，但风吹来的时候，绝大多数草都会倒向风吹的方向。

在巨大的诱惑面前，一向被项羽视为嫡系、被分封在洛阳盆地的河南王申阳就“利无反顾”地倒向了刘邦的怀抱。

当刘邦的汉军东渡黄河之后，被项羽封为西魏王的魏豹也顺势倒向了刘邦。

刘邦的下一个目标是司马卬（áng）。司马卬此前被项羽封为殷王，其封地为河内。中国古代以黄河为界，黄河以北为河内，其范围大致相当于今日河南北部、河北南部和山东西部。

司马卬先是鄙夷了一下申阳和魏豹，然后也投降了刘邦。他之所以鄙夷二人是因为自己好歹还跟汉军干了一仗，才以寡不敌众的名义投降的，而申阳、魏豹二人未做任何反抗就投降了。

占有河内之地后，刘邦并没有顺势北上干掉赵王赵歇和陈馀。这当然不是刘邦突然善心大发，而是因为赵歇和陈馀已经背叛了项羽。敌人的敌人虽说不一定是朋友，但留着总会对敌人有所威胁。因此尽管已经投靠了刘邦的张耳很想北上复仇，刘邦依旧果断地踩下了刹车。

至此，除了封在楚地的三个王（临江王共敖、衡山王吴芮、九江王英布）外，其余诸侯王都背叛了项羽。

天下再度陷入了混战中。这离项羽分封诸侯，不过才一年左右的时间。

而在这种背景下，作为西楚霸王的项羽不但没有考虑怎样去收拾乱局，反而在考虑怎样收拾义帝芈心。

时值初冬，虽然没有大雪纷飞，天气却已奇寒无比。

一直居住在彭城的芈心，心里更冷。

之前，项羽已宣布要将这位“假皇帝”迁往千里之外的郴县，然而五个月过去了，芈心仍然赖在项羽身旁不走。

或许在芈心心里，项羽就像是一棵千年大树，大树底下好乘凉，抱住了项羽这棵大树就等于抱住了春天。

然而项羽显然不这样认为。在他心里，我西楚霸王早已名震天下，哪还用得着拿你芈心当摆设？不过芈心的头上毕竟还戴着一顶叫“义帝”的帽子，公开处决容易引起众怒，暗杀自然是最好的方式。

一切安排妥当后，项羽恶狠狠地对芈心说：“你必须立刻回到你的封地去，否则很难保证你的安全。”

纵使芈心有千般不愿万般不舍，也只能照办。

谁都看得出来，这次义帝踏上的是一条不归路。果不其然，当芈心坐船行至荒无人烟之处时，项羽派人驾驶快船追上，一刀就把孱弱的“假皇帝”解决掉，丢入江中喂了鱼虾。

义帝被杀的消息传来时，刘邦已率军南渡黄河，驻扎在洛城新城（今河南伊川）。

正当刘邦思索着下一步的行动时，当地有位姓董的老先生找上门来，说要献给汉王一件珍贵的宝贝。

看着这位不速之客两手空空，刘邦很感诧异，董老先生笑了笑，开口说道：“古往今来，两军对垒，从来都是顺德者昌，逆德者亡。今楚汉相争，项羽无道，又诛杀了义帝，他可谓是天下人人讨伐的对象。如果汉王您能实行仁政，推广信义，率三军主动为义帝发丧，以讨贼之名号召诸侯共同征伐项羽，那么四海之内，将无人不仰望你的德行，并且都愿意追随于你！”

董老先生这番话就像醍醐灌顶，让刘邦茅塞顿开。是啊，既然项羽杀义帝是不义之举，我为什么不利用他的错误来惩罚他呢？

于是，刘邦决定兵发洛阳，公开为义帝发丧。

他站在高高的祭坛上向诸侯发出了沉痛的宣言：“义帝是天下共主，然而项羽却将他刺杀于江南水道之中，这是大逆不道之举。今天，我愿意率领关中部队，征召天下之壮士，与诸侯们一起去攻打诛杀义帝的凶手项羽。”

刘邦的这一番演说，无疑将项羽死死地摁在了被告席上，而义旗则被他高高地举在了头顶。当然，这也是刘邦在向项羽宣战。

至此，刘项二人彻底撕破了脸，他们的直接对抗已不可避免。

见证奇迹的时刻

原本已死到临头的刘邦，却在一场大风的帮助下化险为夷。有些事，真的很难解释清楚……

应当说，项羽杀义帝这件事做得既野蛮又愚蠢。没错，项羽是对义帝深深憎恶，可憎恶归憎恶，芈心毕竟也没有什么过错，何况还是一个毫无能力的孤儿。芈心已经很可怜了，为什么还要赶尽杀绝呢？

更何况，义帝毕竟曾经是反秦斗争的旗帜，就连项羽本人也曾高高举起过。现在，难道因为这面旗帜不再有用，就要过河拆桥、卸磨杀驴？这岂不让天下人寒心、遭天下人声讨吗？

犯错，就要付出代价，更别说这已不仅仅是错，而是罪。

当刘邦共讨项羽的檄令发出后，竟一下子集结了各路诸侯军五十六万之多，这也从侧面反映出项羽平时的人缘有多差。

刘邦让韩信留在河南镇守，自己亲率诸侯联军浩浩荡荡杀向彭城。

此刻的项羽依旧在齐地忙着围剿田横的游击军，根本抽不开身。对项羽而言，齐国是楚国的大后方，必须优先处理。

不过，这时的项羽依旧自信满满。在他看来，只要先集中优势兵力歼灭齐地闹事的田荣家族，然后调转马头灭了汉王，众诸侯一样会像巨鹿之战后一样，归顺于自己的。

但项羽忘了一件事，他北上伐齐已将楚军主力几乎全部带走，彭城极度空虚。刘邦领着五十六万人马就跟赶集一样，大摇大摆地进了彭城。

彭城是项羽的老巢，项羽从咸阳劫掠而来的金银珠宝和美女宫娥全留在了这里。一看见这些，已五十出头的刘邦仍然眼变绿，腿发软，几乎都忘了怎么走路！

真是“江山易改，本性难移”。

眼见刘邦夜夜笙歌，天天搂着美女开酒会，有大臣坐不住了，过来相劝。

刘邦却满不在乎地说道：“这么多诸侯远道而来，总要吃点好的喝点好的吧？再说城外有五十六万军队拱卫，跟我当初进咸阳时完全不同。别说项羽离此数百里，就算他亲征回来，又能怎么着啊？”

刘邦很自信。

一般来说，自信是一种力量，播下自信的种子就会收获成功的果实。然而过分自信却会自酿苦果。

这一次刘邦低估了他的对手。面对刘邦已经杀进彭城的大军，项羽不慌不忙地作出了惊人的军事部署！

他将齐地的战事放手交给部属，并将大部分兵力留在了齐地，自己只选取了三万精兵，以包抄刘邦后路的方式从西面杀向了彭城。

与此同时，项羽令九江王英布出兵救援彭城，但出人意料的是英布采取了敷衍的做法，仅仅象征性地派出了几千人的小部队前去增援，自己则端坐于九江看楚汉相争的大戏。

眼见曾经的嫡系不听调配，悲愤无比的项羽咬紧牙关，决定单挑刘邦。他以奇迹般的速度调配好军队，又以奇迹般的速度从鲁县（今山东曲阜）穿越胡陵，直抵萧县。

在萧县稍事休整后，三万楚军又马不停蹄地直奔彭城。

当清晨的第一缕阳光冒出地平线时，三万楚军顺利抵达目的地。

项羽立即下令发起攻击。

此时，天天沉浸在歌舞酒宴中的汉军将士正懒洋洋地准备起床，然而当他们打着哈欠睁开惺忪的双眼时，却看见一把把明晃晃的大刀正朝自己砍来……

这一仗打得堪称惨烈，刘邦兵败如山倒。史书记载说，汉军将士尸横遍野，把流经彭城的谷水和泗水两条河堵塞得无法流动。

为了活命，刘邦带着残存的汉军往南狂奔。

项羽却丝毫没有放过刘邦的意思，一路向南追杀到了安徽灵璧的睢水（今新汴河）旁。

面对杀红了眼的楚军，惶恐不安的汉军将士无路可逃，纷纷跳入睢水河中。与谷水和泗水河的情形一样，又有十多万汉军殒命河中，并且堵塞了河水。

刘邦在随从们的帮助下，好不容易才拖着泡得发软的双腿爬上堤岸，却发现早已被楚军围住。

完了，全完了。刘邦长叹一声，闭目等死。

然而奇迹出现了。

《史记·项羽本纪》记载说，当是时“大风从西北而起，折木发屋，扬沙石，窈冥昼晦，逢迎楚军”。

好一场神奇的西北风，吹断了树木，掀翻了房屋，四处飞沙走石，天昏地暗，日月无光……

狂风之中，刘邦带着仅剩的几十人，趁混乱之际向西脱围而出。他的五十六万人马，至此化为乌有。

应当说，这场突如其来的西北风，不但救了刘邦的命，也直接干预了历史的进程。

那么，为什么会这么巧？难道冥冥之中，真有神灵相助？

其实，这种改变历史进程的大风，虽然神奇，却不唯一。

公元前480年，波斯帝国以百万之众由海上入侵希腊，希腊人连吃败仗，只好退守萨拉米斯岛。就在波斯国王调集起六百艘巨舰，准备给予希腊人最后一击时，突然狂风大作，波斯战船竟然无法控制。而希腊人则趁势驾着小巧敏捷的战船，利用大风快速出击，最终打败了波斯人，收复了失地。

类似的故事在中外历史上还有很多。

若要问为什么，只能说人世间有些事情确实很难解释。

总之，上天又一次眷顾了刘邦，让濒临绝境的他幸运地活了下来。

可见，一个人要成功，除了靠实力，要努力，或许还得需要点运气。

若为逃命故，骨肉亦可抛

刘邦并非冷血动物，然而当大难临头时，骨肉亲情在他眼里却又是那么不值钱……

捡得一条命后，刘邦连夜直奔关中而去。途中他稍微拐了一下弯，绕到沛县，希望能接上妻儿老小一起逃往关中。

刘邦很想得开：大部队虽然打散了，但是关中有能干的萧何，还有善于运筹帷幄的张良，更有军事天才韩信。只要有这些人在，重整旗鼓挑战项羽，就不是什么大问题。但是如果家人被项羽俘虏了，就会形成无法挽回的被动局面，或许还会留下终生遗憾。

然而情况很糟糕，沛县的家中此时已经人去楼空，只留下一堆横七竖八被翻倒在地的家具，迎接刘邦的是成群结队吱吱叫的老鼠……

刘邦只好失望地离开，继续向西而行。

或许真是吉人自有天相，没多久，刘邦居然意外地在路上遇到了儿子刘盈和女儿鲁元公主，从儿女口中得知妻子吕雉和老父亲都还活着，不过大家在逃亡中都走散了。

兵败后能在战乱中找到儿女应该是一种莫大的幸福，身为父亲的刘邦应该会张开双臂给予孩子们一个温暖而安全的怀抱。刘邦一开始也是这样，然而过不了多久，他就会露出狰狞的面孔。

一行人继续走了一段路，驾车的夏侯婴见远处旌旗招展，急忙禀报刘邦："那边好像有楚军？"

刘邦一听大惊，拉开车帘往远处一看，随即大喝道："愣着干什么，还不快点赶车！"

夏侯婴急忙用力一扯缰绳，纵马飞奔。

远处的旌旗确实是楚军的，为首的是项羽手下的猛将季布。

正领着队伍四处盘查的季布，猛然间发现前面有队人马，行迹慌张，季布以其多年的追击经验断定，其中定有猫腻。于是，他下令追击。

楚军将士就像饿狼发现了猎物般，呼叫着向刘邦一行人直冲过去。

坐在车里的刘邦见楚军来势汹汹，突然做出了一件让所有人都意想不到的事情——他居然一脚将自己的儿子和女儿踢下了马车。

刘邦可以不顾骨肉亲情，夏侯婴却不能没有恻隐之心，他不管三七二十一，立即停车把两个可怜的孩子抱上车。

然而过了一会儿，刘邦又一脚将两个孩子踢下去。夏侯婴也不含糊，又停车将两个孩子抱上来。

几次三番过后，刘邦大怒，拔剑指着夏侯婴说："你再抱，老子连你一起砍！"

这时，刘盈和鲁元公主由于害怕被刘邦再次踹下车去，都紧紧抱着夏侯婴的脖子。

夏侯婴不顾刘邦的威胁，一面快马加鞭往前赶，一面说："无论如何他们都是您的亲骨肉，就算事情再紧急，又怎么能丢下孩子呢？"

或许夏侯婴的话触动了刘邦的某根心弦，加之这时追兵已渐行渐远，刘邦方才住手。

看看，这就是那位为义帝之死拍案而起，一身正气讨贼伐逆的刘邦。他那伸张正义的宣言，是何等的掷地有声，催人泪下！

那么，那时的凛然大义，现在又到哪里去了呢？

也许，他原本就没有。

刘邦没有的，其他人也不会有。

八个月前投降了刘邦的塞王司马欣和翟王董翳，眼见刘邦失势，又立马掉头回归了西楚阵营。

原本就是个投机主义者的西魏王魏豹也心动了。他挑了个时机找刘邦请假，理由是要回家去探望生病的老母亲。这个理由很充分，刘邦当然得准假。

谁知，魏豹请假是假，开溜是真。他到了自己的封地之后，立即宣布脱离汉军阵营，重新加盟西楚阵营。尽管刘邦派出口才专家郦食其前往魏地游说魏豹回头，但很遗憾，实力决定一切，郦食其劝说无效，空手而归。

可见刘邦的所谓诸侯联军，不过是一群乌合之众，否则在拼刀枪棍棒的冷兵器时代，以五十六万人的兵力，何至于连项羽的三万人都打不过？

第十一章 反攻即将开始

一个好汉三个帮

英布、彭越、韩信，三人皆是秦末汉初名震一时的人物，有了他们的襄助，刘邦要不成功都难……

彭城大败后，死里逃生的刘邦一直退到荥阳（今郑州古荥），靠着萧何的增援才站稳脚跟。

不久后传来刘太公和吕雉的消息，原来项羽派人前来捉拿他们时，他们已闻声而跑。可惜跑到半道，还是落入项羽手中，被扣为人质。

管他做人质还是做俘虏，活着比什么都好，刘邦一颗心稍稍放了下来。

休整了几个月后，刘邦见元气有所恢复，便在荥阳召开了一次军事会议。

会议的主要议题当然是接下来该怎么办？

与会的人纷纷交头接耳，有摇头的，有叹气的，也有满脸茫然望着窗外发呆的，就是没有一个人站出来出个主意。

刘邦急了，大声说道："只要能助我一臂之力，我宁愿将关东之地分出去给他。"

重赏之下必有勇夫，刘邦深信这个道理。

可惜这一次的重赏失效了，大家仍然不吭声。

就在刘邦郁闷得差点老泪横飞的时候，张良慢腾腾地站起来说道："九江王英布与项羽不合，魏相国彭越曾经与齐王田荣一起在项羽的大后方反楚，也与项羽有隔阂，他们都是当世枭雄，可以招来为我所用，再加上我军中大将韩信，大王若能将关东之地许与这三人，他们定会对大王感恩戴德，奋力助大王击败西楚。"

自从张良追随自己以来，刘邦对他的话从来都是言听计从，可这次他却有些疑虑：这三个人能帮我打败项羽吗？彭越有点交情，可以搞定，但英布却很少有来往，他能效忠于我吗？要让韩信独当一面，就必须把兵权完全交给他，万一他不听话怎么办？

张良看出了刘邦的疑虑，小声说道：“瞻前顾后，后患无穷。更何况大王您还有更好的办法吗？”

刘邦想了想，也只能如此了，于是采纳了张良的意见。

接下来，二人详细规划了行动步骤。

首先，刘邦派韩信东征，并明确下令要好好教训一下“骑墙派”魏豹。其次，派出说客团队分别前去拉拢英布和彭越。

刘邦的具体想法是：其一，让英布反水激怒项羽，引发项羽对英布的“武力制裁”。只要英布能拖住项羽主力一段时间，那么韩信一定能灭了魏豹和其他背叛自己的诸侯。其二，让彭越不停骚扰西楚，进一步分散其兵力和注意力。其三，当韩信与彭越各自取得了一定战绩之后，自己就趁机杀出去，另行开辟一条东征战线，最后统领各路诸侯围歼项羽的大本营。

刘邦的这一战略部署可谓滴水不漏，不过在实施过程中遭遇到了重重困难。

搞定彭越是最简单的，毕竟他与刘邦交情不算浅，因此说客基本没费口舌，只是掏出了刘邦给予的将军印，彭越就爽快地答应了。

搞定英布却颇费周折。

刘邦派出的说客团足足有二十多人，为首的叫随何。

随何原本只是刘邦手下一个谒者（主管传达禀报的人），他之所以能担此重任，是因为无人愿意响应刘邦的号召。毕竟当时汉军新败，前途未卜，而英布又是一个“狠角色”，弄不好就会有去无回。因此在刘邦点将时，手下的人都以各种理由推脱，唯有名不见经传的随何如当年的毛遂般，自荐前往。

果不其然，当随何一行人到达英布处时，这位脸上刻着字的黑大汉虽然没有动粗，却也以身体不适为由，拒不见客。

当时负责接待随何的是一位太宰，他一见面就明确说自己的任务是只管吃住，不管其他，因此随何只有等。

没曾想，这一等就是三天。

三天，对于英布来说，不过是睡三次觉起三次床，然而对于肩负重任的随何来说，不亚于蹲了三十年大牢。

随何终于坐不住了，只好请求太宰说：“麻烦您转告九江王，我是来替他治病的，不是来度假的。”

太宰彬彬有礼地回绝说：“不好意思，我们家大王不缺医生。”

随何实在忍不住了，大声冲太宰嚷道：“行了，咱们能不能都别装了？九江王之所以不见我，还不是因为楚强汉弱的缘故。但是我要告诉你，你们只是看到了表象，至于我为什么这样说，等我见了九江王，我自然会告诉他。所以你现在一定要进去给我通报，否则我就算死在这里，也不会走的！”

太宰一下子被随何的气势给震慑住了，加之认为随何所说有道理，于是立即向英布做了汇报。

英布一听，乐了，心想：还真是刘邦教育出来的人，耍赖的功夫都跟他一样了得，看来今天如果不见，他是不会善罢甘休的。于是召见了随何一行人。

随何见英布红光满面，喘息均匀，哪像有病的样子！不禁在鼻子里“哼”了一声，然后单刀直入地对问道：“请问大王，您和项王是什么关系？”

英布呵呵一笑说：“你这不是明知故问吗？他是老大，我是跟班的，他指哪儿我就打哪儿。”

随何也呵呵一笑说：“不是吧？大王难道忘了，当初项王攻打齐国田荣时，叫您带所有兄弟一起上，您却只派了四千人助战，这叫他指哪儿您就打哪儿吗？还有，汉王攻陷彭城时，项王叫您去救他老家，可您拥兵万余，却连一个小卒也没派出，还袖手旁观隔江观火，您这是把他当成老大来看待吗？”

英布愣住了，支支吾吾地说道：“当时那个……嗯，情况特殊嘛，当时我身体出了点问题，吃饭时连碗都端不稳，哪还能拿刀提棍出战……”

随何立即又毫不客气地回击道：“大王真会开玩笑！您这根本就是在装病，即使有病也是得了心怀鬼胎之病。其实不用您多说，我也知道您心里想什么。您表面效忠项王，其实心里早就想背弃他了，只不过目前汉弱楚强，您不愿大张旗鼓地说出来而已。但是现在我要郑重地告诉大王，项王就是秋后的蚂蚱，已蹦跶不了几天了。”

英布先是一阵尴尬，然后又惊讶地问道：“此话从何说起？”

随何说：“您且听我分析。第一，项王不义，毁盟约，杀义帝，废旧王，全民公敌是也。第二，汉王势众，收诸侯，深挖沟，广积粮，坚如磐石是也。如今项王以不义之师攻打正义之师，孰胜孰败，还不是一目了然吗？只不过是早一天晚一天的问题。可大王您却还想从项王那里寻求保护，难道大王想做一只飞蛾，明知前方是火坑也要往里跳吗？”

随何一番话说得英布的脸一阵红一阵白，嗫嚅了半天才小声问道：“照你这么说，如果我背叛项王，就一定能够打败他了？”

随何说：“我的意思不是说凭您九江王的兵力就可以打败项王，而是说，如果您出兵攻打西楚，项王就一定会被您牵制，只要您能拖他几个月，汉王就有充足的时间做好战争准备，那么项王必败无疑！”

英布“哦”了一声，然后问道：“那咱们就明人不说暗话，我拖住项王有什么好处？”

随何说：“好处肯定少不了您的！除了这淮南之地，汉王一定还会分割大片土地封赐予您。”

英布大喜：“好，就按你说的办！”

随何露出了舒心的一笑。

可惜他笑得稍早了点。

就在随何说服英布没几个时辰，他突然发现项羽也秘密派使者探望英布来了。探望当然是借口，项羽也是派人来跟英布谈条件的，他也怕英布背叛于他。

这下子麻烦大了，所谓弱国无外交，利益才是外交最本质的驱动力，如果项羽开出的条件优于刘邦，英布极有可能把随何等人拉出去砍头示众。

随何顿觉一股寒意从脚心直凉到头顶。祸福只在一线间，死亡从来没有像今天这样离自己这么近。

不，绝不能等死，必须放手一搏！随何的脑袋飞速地运转起来，他必须立即想出应对之策。

就在这时，随何惊奇地发现，楚国使者竟然与他们同住在传舍（类似于今日专门接待外宾的宾馆、饭店）里。正所谓不是冤家不聚头，既然来了，咱们就各展本事较量较量吧！

于是，随何一边派人悄悄跟踪楚国使者，一边秘密打探英布的谈判底线。还好，随何带来的这些人还真不是吃素的，他们的情报工作进展得极为顺利。

这天，正当英布和楚国使者展开谈判时，随何带上几个随从直接闯进谈判场所，他果然看到楚国使者正在咄咄逼人地又是拍桌子又是跺脚，要英布立即出兵攻打刘邦。

见此情景，随何立即朝楚国使者大声呵斥道："九江王已经归附汉王了，你西楚居然还有胆量催促发兵！我看你们是不想活了！"

随何这声怒吼仿佛晴天一声惊雷，把英布轰得当场愣住，一时说不出话来。

楚国使者也吃了一惊，不过他很快回过神来，然后一边往外走，一边愤怒地指责英布说："好你个九江王，项王对你恩重如山，你却要背叛于他。好，算你狠，咱们走着瞧……"

楚国使者怒气冲冲地走远了，英布仍然呆立原处，不知如何是好。随何趁机劝导他说："大王还发什么愣呀，事情已经暴露，你还是赶快杀掉西楚使者，跟我一起投奔汉王吧，不然就来不及了。"

英布这才醒悟过来，于是杀掉使者，出兵攻打楚国。

战争持续了几个月后，英布被项羽手下的大将龙且打败。几乎全军覆没的他只得和随何一起，从一条隐蔽的小道逃到刘邦处。

听说英布来了，刘邦立即接见他。然而接见的结果，让英布想死的心都有。

原来英布进去时，刘邦正端坐在床上美滋滋地泡着脚。是不是像当初接见郦食其一样有美女相伴，史无记载，不得而知。

英布却不是郦食其，毕竟曾经是手握重兵割据一方的九江王，因此刘邦的怠慢让他既生气又难过，肠子都悔青了。是啊，放着好好的一方诸侯王不当，却跑你这儿来受此屈辱，我何必呢！

据说走出汉王宫后，心灰意冷的英布曾拔出宝剑往脖子上试了试，然而他想了想，还是放弃了。

幸好英布没有做出傻事来，否则九泉之下他的肠子还会悔青一回——当他唉声叹气地来到刘邦为他安排的新家后，居然发现新家跟刚刚见到的汉王宫差不多！

不是英布不明白，而是刘邦实在太“坏”，开玩笑差点开出人命来。不过这一玩笑也让英布就此被刘邦彻底征服。后来，骁勇善战的英布冲锋陷阵，为刘邦击败项羽夺得天下立下了汗马功劳。

彭越和英布既已搞定，张良的计策便实现了三分之二，接下来就看韩信的了。

当魏豹看见率军前来的是当时只能称作无名之辈的韩信时，他胸有成竹地将魏军主力部署在了黄河上的渡口临晋关（今陕西大荔东）。因为在魏豹看来，甭说你韩信籍籍无名，就算你再能干，也不可能给士兵们都装上翅膀，让他们从黄河上空飞过去，最终也只能靠船过河，从渡口上岸，而我，就在对岸等着你。

可惜魏豹哪里知道，韩信就是韩信，根本不是一般人！

果真，当韩信摆出一副就要强渡黄河的架势时，魏豹看在眼里，乐在心中：好你个韩信，你就来吧，迎接你的将是遮天蔽日的箭雨，埋葬你的就是你身下这条黄河！

魏豹天真得就像是一个三岁的孩童。

韩信哪有那么傻！强渡黄河，不过是他的疑兵之计罢了。此时的他，其主力已经以另一种形式从渡口下游悄悄过了河。

韩信的过河形式极具创意：令士兵用木制的小木桶分散漂流过河。

当魏豹在渡口等韩信等得花儿都快谢了时，后院起火了，他的国都安邑（今山西夏县）遭到了韩信的偷袭。

惊慌失措的魏豹急忙向楚国求救。可此时的楚军除一部分在齐地外，另一部分正在跟英布作战，腾不出手来。

势单力弱的魏军很快溃败，魏豹也被生擒，魏国的土地就此被刘邦兼并，改称为河东郡。

不过，精明的韩信并没有处死魏豹，而是命人将其押送至荥阳，交给了汉王刘邦。

由于刚刚吃了败仗，急需将才，刘邦也就没有杀掉魏豹，而是暂时将其留在了身边，陪自己驻守荥阳。

为了确保不再丢失关中之地，刘邦决定在重镇荥阳做积极防守。

这时，萧何从关中为刘邦送来了一大批新兵，尽管这些人大部分都是老弱之士，但由于关中百姓一直都盼望着能接受刘邦的领导，所以这些新兵个个斗志昂扬，其战斗力也不可低估。

俟兵力有了补充，刘邦紧接着又安排好了荥阳的粮草问题。刘邦深知，在荥阳一定会与项羽有一场拉锯战、持久战，为确保粮草充足并能获得稳定的供给，他在荥阳与成皋（今河南荥阳汜水镇西北）之间，修筑了一条粮道。

至此，万事俱备，就等项羽了。

此时的项羽又在做什么呢？

项羽很忙，忙得一塌糊涂。

反间计，屡试不爽

自古君王皆多疑，所以一出反间计，在中国历史上流行了几千年。

刘邦当然不会弃之不用……

项羽从来都是个大忙人。

这不，刚在彭城大败刘邦，他又马不停蹄地赶往齐国去扑灭这后院之火。等到战事稍微平息后，又立刻策马提刀返回来追杀刘邦，一方面是为了报仇雪耻，另一方面则是希望将刘邦从关中三秦之地赶出去，然后彻底干掉他和他的汉军。

项羽终于兵临荥阳城下。

可是，刘邦凭借坚固的工事据守，项羽屡次攻城均无果而终，战事进入了僵持阶段。

对于项羽而言，当然希望速战速决，因为在东线战场上，韩信已经灭了魏豹，一路攻城略地势如破竹，项羽亟须去那里灭火。

颇有军事天赋的项羽，向来善于攻击别人的粮道。这一点在当年的巨鹿之战中，已经得到了验证。

这一次也不例外。当攻城不利时，项羽迅速将攻击目标锁定在荥阳与成皋之间的汉军粮道，并集中优势兵力很快将其瘫痪。

人是铁饭是钢，一顿不吃饿得慌，更何况还是要行军打仗的士兵。被围困于荥阳城中的刘邦果然坐不住了，立刻派出使臣前往楚军阵营谈判，并开出了自己的底线要求：荥阳以西的地盘归刘邦所有，其他的均属于项羽。

见刘邦服软，项羽彻底消灭他的愿望开始松动，加之东线那边的韩信一路凯歌，所以项羽决定接受刘邦的建议，就此罢兵。

这时候，项羽最重要的谋士、已被他尊称为亚父的范增一针见血地指出：这不过是刘邦的缓兵之计而已，如果我们就此放过他，就等于放虎归山，他日必定会让我们吃尽苦头。到那时，后悔就来不及了。

范增的建议让项羽醒悟了，毕竟鸿门宴的场景还历历在目，如果那时候听从了亚父的建议，何至于今天……

刘邦再一次陷入了生死攸关的危境中。那么，他能像当初鸿门宴那样起死回生，转危为安吗？

能。

因为又有一个能人站了出来。

这个人，叫陈平。陈平虽然姓陈名“平”，但他一点都不平庸，而是非常有水平，堪比张良。

陈平是阳武县（今河南原阳）人，他出生于贫寒之家，身材魁梧，仪表堂堂，从小特别喜欢读书。

由于打小就父母双亡，陈平一直和年长的哥哥嫂嫂住在一起。

陈平的哥哥虽然斗大的字不识几个，却对弟弟爱读书的习惯很是赞赏，因此承担了家中的全部劳动，以便弟弟能够安心读书、放手求学，将来改变家族命运，为家族争光。

可是陈平的嫂子就是看不惯这个“游手好闲”的小叔子，经常没好气地当着陈平的面说一些不好听的话。据说，为了不让弟弟受气，陈平的哥哥竟然一生气把老婆给休了。

然而只因为说了不好听的话就被休掉，这在外人看来是不可思议的。于是谣言四起，有传说，陈平哥哥休妻是因为发现老婆和弟弟有“奸情”。陈平从此背上了“盗嫂”的恶名。

后来，随着陈平长大成人，新问题又来了：这个高大的帅哥娶媳妇居然成了一个“老大难”问题。富人家的女儿不愿意嫁给他吃糠咽菜过日子，穷人家的女儿陈平又不愿意娶。

富家女不愿意嫁给陈平好理解，可他为什么不愿意娶穷家女呢？有人说他是不想浪费自己的帅，也有人说他是想为将来游学四方找一个强大的经济基础……

无论别人怎么说，陈平却始终坚持自己的娶妻标准：宁缺毋滥，非富家女不要。

就在别人都以为他要把白日梦做到底的时候，缘分悄悄来到了他的身边。

家境不错的邻村富人张负家有个孙女，连续嫁了五个男人都先后死掉了，由此被认为“克夫”。尽管张家富甲一方，张家小姐长得也不赖，但她的第六次婚姻却迟迟没有着落，这让一家老小很是犯愁。

就在这时候，陈平放出风声来，说他是一个不信邪的人，非常愿意娶张寡妇为妻。

此话传到张负耳朵里后，他当天就找了个媒人上门提亲，然后又择吉日将孙女嫁了过去。

张负后来特别牛气地对人说，他并非着急要把这个“烫手山芋”扔出去，他老张家的孙女就算死了十五个男人也是“抢手货”，只要嫁妆足够多。他之所以看中陈平，是觉得这孩子将来一定有出息，因为他本人曾在黎明和黄昏时分，看见过长相不俗的陈平抱着书在小河边苦读。一个三九天都只穿着七分裤的贫苦孩子，却嗜书如命，把孙女嫁给他会有错吗？

显而易见，如果张负老先生活在今天，该给这个社会带来多大的正能量。当然，两千多年前的他带给陈平的能量也不可低估，正是在张家的资助下，陈平家境日益宽裕，交游也越来越广。

公元前 209 年，陈胜在大泽乡起义，并立魏咎为魏王。陈平辞别兄长和娇妻投奔了魏咎，可惜不识货的魏咎并没有把陈平当回事，只给了他一个太仆的职务。太仆是掌管马匹之官，跟当年美猴王孙悟空担任的“弼马温”类似。

心气很高的陈平哪受得了这个，不久后便转投了项羽，并随项羽西征入关破秦，成为项羽手下的一名二线将领。

其后，汉王刘邦突然杀进关中，殷王司马卬投降，陈平奉项羽之命率部前去狠狠地教训了一顿司马卬。凭借这一仗，陈平被项羽任命为都尉，但问题是其后不久，司马卬再度反水投向了汉王，这令项羽暴怒。

陈平对项羽的为人是很了解的，怕他会迁怒于自己而丢掉性命，于是在好友魏无知的引荐下，投靠了刘邦。

刘邦见陈平长得白白净净，跟樊哙他们完全不同，跟张良有一比，瞬间就生出了好感。加之他获悉陈平原来是项羽下面的都尉，级别并不低，于是便任命他为护军都尉，督监诸将。

这样一来，陈平遇到了一个新问题：在老将们看来，一个刚刚溜过来的西楚逃兵竟然要监督我们，而且还能跟汉王同乘一辆马车，这算哪门子事！

因此大家心里都很不爽，也很不服气。尤其是周勃和灌婴等高级将领，更是牢骚满腹。后来他们干脆直接找到刘邦投诉，说一个“盗嫂受金，反复无常”的小人怎能加以重用？

周勃、灌婴等人属于嫡系将领，刘邦对他们的意见不能不重视，于是叫来介绍人魏无知，责问他是怎么推荐人的。

魏无知却满不在乎。他说：“陈平和自家嫂子有没有暧昧关系，收没收过别人的红包，臣不知道，臣只知道他有才能。大王既然要的是人才，那又何必去管人家的私生活？”

刘邦一听，对啊，自己做亭长那会儿，不也经常拈花惹草，收人钱财吗？既然自己的屁股都不干净，又何必要求别人天天洗澡呢？何况还是一个有用之人。

但“盗嫂受金”可以不管，“反复无常”却不能不问。于是找陈平谈话。

刘邦问：“先生起先事魏，后来事楚，现在又跟了寡人，难道忠实诚信的人会如此三心二意吗？”

陈平回答说：“大王说得不错，臣是先后侍奉过魏王和项王。但是，魏王不能用人，臣只好投奔项王。项王又不能信任人，臣只好又投奔大王。臣是光着身子一文不名逃出来的，不接受别人的资助，就没法生活。臣的计谋，大王如果觉得可取，请予采用；如果一无可取，就请让臣下岗。别人送给臣的钱全都没动，臣分文不少如数交公就是。”

事情至此已经很清楚了，周勃和灌婴他们所说大抵也靠谱，陈平给出的解释也是合情合理。那么，刘邦该怎么处置呢？

此时的刘邦又展现出了他爱才惜才的一面：马上起身向陈平道歉，并厚赠礼物，还官升一级为护军中尉。

陈平由此对刘邦感激不尽，发誓为他效命一辈子。因此，当刘邦在荥阳城内再度陷入困境时，陈平果断出手了。

陈平很清楚，刘邦以荥阳为界握手言和的建议之所以被拒绝，原因不在项羽，而在范增。所以他告诉刘邦，要对付项羽，必先除掉范增。

“怎么除？”刘邦问。

陈平给出的办法是离间计，离间项羽与范增的关系。

陈平很清楚，项羽除了为人残暴，缺乏政治眼光外，还有一个缺点——多疑。

这也不难理解，权力的宝座垫在自己屁股底下，而且就这么一个，人心隔肚皮，谁知道底下的人会怎么想？

刘邦当然也多疑，否则他后来就不会杀功臣。但刘邦的多疑多少还有点分寸，至少他知道什么时候该疑，什么时候该信。可是项羽却不同，他任何时候都不相信别人，除了他自己。

陈平决定利用项羽的多疑下手。

《孙子兵法》云：“相守数年，以争一日之胜，而爱爵禄百金，不知敌之情者，不仁之至也，非人之将也，非主之佐也，非胜之主也。”意思是说，大家天天斗来斗去，不就是为了一朝的胜利吗？如果因吝惜钱财而不使用间谍，是愚蠢的。

陈平当然不是愚蠢的人，刘邦更不是。

所以当陈平提出要派人携重金到楚营行使反间计，离间项羽君臣时，刘邦二话不说，当即拿出四万斤铜钱，交由陈平随意使用。并申明：无须往来账目，也不要单据报销，你想怎么用就怎么用；就算有结余也不用归还，权当是辛苦费。

有了巨大的财力做后盾，陈平随即组织了数支间谍小分队，让他们混入楚军之中，大肆收买楚军士卒将校，以及项伯、丁公等楚国高层，然后经由他们散布谣言说，钟离眛等人自认为劳苦功高，对项羽没有将他们封王心怀不满，因此都想背叛楚国投靠汉王，然后合力灭楚而封王封地。

世界上有两样最可怕的东西：一是背叛，二是谣言。背叛使人孤独，谣言令人慌乱。项羽天不怕地不怕，独独怕这两样东西。

果然，项羽上当了，他害怕钟离眛等人变成下一个英布，于是心生猜忌，不但不再信任他们，还派人监视他们。

接下来，陈平将目标对准范增。

范增对于项羽的重要性不言而喻，为了除掉范增，陈平想出了更绝的招数。

首先，他让那些被买通的人在楚营散布谣言，说范增劝项羽攻击荥阳是如何如何的别有用心。

谣言马上传到了项羽耳朵里。但范增毕竟是亚父，不同于其他人，因此项羽一开始并不相信，不过多疑的性格使得他心里多少还是有点不踏实。

恰在这时，刘邦又假意派人来请和。项羽突然眼睛一亮，决定避开范增悄悄派出使者前往荥阳谈判，一是摸摸刘邦的老底，二是伺机打探一下范增与他究竟有无瓜葛，再另做打算。

一切都在按照陈平的套路走。

当楚使来到荥阳后，陈平预先准备好丰盛的饭菜接风。然而楚使刚一进屋，陈平就立刻做出很吃惊的样子，并用失望的语气说道："我还以为是亚父的使者，没想到是项王的使者。"

接着，陈平下令将好酒好菜全部端走，换来几盘普通菜和一些黑乎乎的馒头。

楚使的心情可想而知，回去后自然是添油加醋地报告给项羽。项羽当时就变了脸色。

可怜的范增却丝毫未察觉项羽情绪的变化，仍然一个劲儿地催促他加紧进攻荥阳。项羽被催得心烦，难免火起，便大声对范增说道："寡人也想把荥阳打下来，怕就怕荥阳还没打下来，你就会先要了寡人的命！"

范增没想到项羽居然会说出这种话来，他张大嘴巴怔怔地看着项羽，心里一阵悲凉：我都这么老了，却还这么拼命，我到底为了什么？还不是为了帮你打下这万里江山，辅佐你做一个万世明君吗？可是你……

项羽转身，以背对他。

范增又怔怔地看向窗外，窗外有一只快掉光了毛的老鸟正在哀鸣着慢慢飞向老巢。

范增的眼神渐渐变得暗淡，心情也一下子跌到了谷底。他突然觉得，既然眼前这个年轻霸王已经不信任我了，不需要我了，那我还赖在这里干什么呢？是时候像这只老鸟一样回归老巢了。

可惜，归途也是末路。

公元前204年，范增在回彭城的路上，因急火攻心，背疽发作而死。

范增，七十而事楚，辅佐项羽在秦末乱世中建立不朽的功勋，但他终于没能等到天下太平的那一天，就遗憾地离开了人世。或许对他来说，这并不是一件坏事，至少不用再经受最后失败的煎熬。

不过民间传说范增是诈死，实际上他已乘着石船来到今属浙江省天台县的九遮山，隐姓埋名居住在山洞中，享受属于自己的晚年岁月。但他依然关心天下大事，当项羽自刎乌江的消息传来，他大哭："竖子不听吾言，终有今日！"人们这才知道他就是范增，但他却说："范增早死彭城，哪里会到这里来！"不久人去洞空，不知所终。

无论范增是真死还是诈死，他的离开都让项羽失去了最有力的臂膀，也让楚军蒙受了巨大的损失。

对于范增的离去，项羽其实是后悔的，特别是范增的死讯传来时，他更是悔不当初，于是把怨气撒在了施反间计的刘邦头上。

项羽命令楚军对荥阳城发起攻击，要求务必捉住刘邦，以祭奠亚父在天之灵。

在楚军猛烈地攻击下，荥阳眼看就要城破，汉军的头头脑脑们急得像热锅上的蚂蚁。

这个时候，陈平又给刘邦献计说："请大王速写一封诈降信给项羽，约他在东门相见。到时候项羽一定会把他的主要兵力布置在东门外，我们再想办法把他留在西、北、南各门用来堵截我们的兵力都引到东门来，大王就可以从西门冲出去了。”

刘邦说：“主意不错，但如何才能吸引西、北、南门的楚军到东门来呢？”

陈平神秘地笑了笑说：“大王稍后便知。”

不一会儿，陈平领着一个貌似汉王的将军纪信来到刘邦处，如此这般地对刘邦耳语了一番，说得刘邦不断地点头称是。

次日，天还没亮，汉军便打开了荥阳城东门。陈平差遣两千名妇女，高举着“粮尽弹绝，汉王请降”的横幅，一批一批地从东门袅袅婷婷而出。南、西、北门的楚兵一听东门外全是美女，都争先恐后地涌向东门。忽然，有人大喊“汉王来了！”大家抬头一看，果然是“汉王”坐在车里，由仪仗队开道，慢慢地走出东门。

直到这支队伍走到楚营近前，项羽才发现坐在车上的根本不是汉王刘邦，恼羞成怒的项羽活活烧死了顶包的纪信。

而这时候，刘邦趁着东门一片混乱，已冲出西门，带着陈平、张良、樊哙等人杀开一条血路，往关中方向逃去了。而被刘邦留下守城的魏豹，则在城破后被刘邦留下来监视他的人一刀结束了性命，理由是防止他投降。

经由反间计和调包计，陈平威名大振，从此赢得了汉军上下以及刘邦本人的尊重。

荥阳之战也就此宣告结束，项羽欢天喜地暂时接管了荥阳。

背水一战芳名留

井陉之战，韩信置之死地而后生。直到今天，人们依然把这看作历史上最经典的战例之一……

刘邦在荥阳陷入困境的时候，韩信却节节胜利。

韩信在击败魏国生擒魏豹后，先是与张耳联手轻松攻下了代国，接着又奉刘邦之命攻打赵国。

之所以攻打赵国，主要是刘邦认为处于北方的赵国和魏国一样是他的后顾之忧。

原因之一，是因为赵相陈馀恨刘邦不杀张耳。陈馀和张耳原本是亲密战友，但正如情侣之间由爱变恨后，往往爱有多深恨就有多深，陈、张二人反目为仇后，比敌人还敌人。刘邦既然收留了张耳，陈馀就决心与刘邦作对。因此，这个麻烦必须解决。

原因之二，是刘邦当时在荥阳前线需要兵员补充，这就要从赵、魏征兵。因此，在韩信击败魏国后，刘邦便命令韩信立即进攻赵国。

井陉之战，由此而起。

陉，就是山脉中断的地方。井陉即井陉口，也叫井陉关，为太行八陉之一，历来是兵家必争之地。跟项羽在巨鹿一样，韩信正是在井陉，大败赵相陈馀，打出了威风，打出了智慧，打出了神勇，让所有汉军将士都口服心服。

但这一仗并不好打。

不好打的原因不是陈馀有多厉害，而是李左车太了得。

李左车是战国时期赵国名将李牧之孙。跟韩信一样，李左车也是一位天才军事家。他很清楚韩信和张耳来者不善，便提醒统帅陈馀说："韩信渡过黄河后，俘虏了魏王魏豹，又擒获了你的丞相夏说，屡获胜利。现在又有张耳做他的助手，其势更加锐不可当。因此，只可智取，不可强争。"

"智取？韩信也不是傻子，有这可能吗？"陈馀有些不放心地问。

"当然有，因为韩信有软肋，他的软肋就是粮草。"李左车非常肯定地说完这句话后，详细为陈馀解释了一番。

他说："我常听人说'千里运粮，士有饥色；就地取材，师不宿饱'。现在韩信的军队远离后方，它的粮食供应一定很困难。井陉这个地方，车不能并行，骑兵不能成列，交通很不方便，有利于我们据守。”

因此，李左车提出建议：“请拨给我骑兵三万人，我会从小路上出其不意地绕到韩信军队后方，切断他的粮食供应。你挖深沟筑高壁，坚守不战。这样一来，韩信和张耳进不能战，退不能回，漫山遍野找不到东西吃。不出十天，他俩就只能献出人头。”

李左车知道陈馀是个很自负的人，很难听进别人的意见，所以一再向陈馀强调说：“请您一定要好好考虑一下我的建议，否则我们就有可能成为韩信和张耳的俘虏！”

然而陈馀不听。

不但不听，陈馀还反过来教育李左车说：“正义之师岂能采用诈谋奇计取胜！兵法有云：‘十倍于敌人，就可以包围他；比敌人多一倍，就可以打败他’。韩信号称有兵数万，实际上只有几千人而已，他又是千里来战，士兵早已疲惫不堪。在这样有利的形势下，我们都不敢正面和他交锋，岂不被人小看？以后还有谁会把我们赵国当回事？”

李左车无可奈何。

其实李左车的计谋，正是韩信担心的。因此当他听探子报告说陈馀没有接受李左车的意见后，不禁喜出望外，立即带兵进入井陉口，在离陈馀阵地三十里的地方，安营扎寨。

半夜时分，韩信选出两千轻骑兵，让他们每人带一面红色旗帜，从小道偷偷进入离赵军不远的山间隐蔽起来，然后向他们布置任务说：“明天我军先头部队与敌交战时，会假装战败向后撤退，这时赵军必然倾巢追击，你们则趁机冲进赵军军营，拔去赵军旗帜，换上我们汉军的红旗。”

接着，韩信又传令全军说：“大伙儿先简单吃些东西垫垫底，等今天击败赵军后，吃大餐。”

各位将领都以为韩信在开玩笑，纷纷嘻嘻哈哈地随口回答说：“哦，大餐！”

韩信没有理会他们，立刻又选出一万精兵，并对他们下令说：“赵军已抢先占据了险要地势，构筑了工事，我们不能跟他们硬拼。但我们有我们的办法，我们的办法就是，明天我亲自率领你们作为先头部队，渡过河去，背水列阵。”

一万将士都睁圆了眼睛，不敢相信这是真的，因为有史以来，没听说有人这么打仗的。但军令不可违，大家只能照办。

当次日一早一万汉军的背水阵势布好后，赵军将士远远见了，都笑作一团——他们实在不理解，汉军如此自断退路地布阵，难道大老远跑来集体自杀？

韩信却竖起将旗，擂起战鼓，下令向井陉口的赵军阵地发起进攻。这时陈馀的赵军，哪把韩信的汉军放在眼里，也打开营门迎战。双方交锋了一会儿，汉军且战且走，边打边退，一直退到河边，军旗和军鼓也丢了一路。

在赵军看来，此时双方胜负已定，于是倾巢而出，争抢汉军抛弃的旗鼓，以便回去邀功。他们哪里想得到，韩信头天晚上埋伏在山间的两千轻骑兵，见赵军营中空无一人，立刻跑进去把赵军的军旗全部换成了汉军的红旗。

与此同时，退到河边的汉军已无路可退，只能拼上性命与赵军作殊死搏斗。俗话说，弱的怕强的，强的怕狠的，狠的怕不要命的。赵军在汉军不要命的拼杀下，原本想撤回营中休息一会儿再战。可是当他们返回自己的军营时，却发现军营四处都树立着刘邦的红色旗帜，大惊之下，以为汉军已占领军营，于是军心大乱，斗志全无，纷纷作鸟兽散。

汉军见状，斗志更加昂扬。他们从河边和赵营两面夹击，赵军完全失去了抵抗力，非死即降。

陈馀和赵歇跟着一小部分残兵败将往东南而逃，不久被韩信派出的追兵追上。陈馀战死身亡，赵歇被俘。韩信至此取得了井陉之战的彻底胜利。

事后，众将领向韩信请教，问他用的是什么新战术，怎么从来没听说过？

韩信很谦虚，说这不是我的发明，《孙子兵法》里不是写得清清楚楚嘛，“投之亡地然后存，陷之死地然后生”，只是诸位没有留意罢了。

然后韩信又进一步解释说，诸位不妨想想，我们这支军队是一支什么样的军队？不过一群散兵游勇，都是没有经过正规军事训练临时纠集起来的，不把大家逼到绝路，哪能战胜？

这就是历史上著名的井陉之战。跟项羽的“破釜沉舟”一样，韩信也为我们留下了一个耳熟能详的成语：背水一战。

虽然取得了井陉之战的彻底胜利，韩信却并没有因之得意忘形，他很清楚自己为什么会胜利。因此战争一结束，就悬赏千金捉拿李左车，但明令不许伤害他。

不久，果然有人捉到了李左车，绑着他来到韩信帐前。韩信见李左车活着，很高兴，亲自为他解开绳索，请他面朝东而坐，以示尊敬。自己则恭恭敬敬地站在边上，像个学生一样向他请教攻灭齐、燕的方略。

李左车却不敢当。

他说：“败军之将尚且不敢言勇，何况我还是一俘虏，又岂敢在将军面前胡言乱语？”

韩信诚恳地说：“先生不必过谦。如果陈馀能听您的话，今天做俘虏的，恐怕就是我韩信了。正因为陈馀不接受您的意见，我今天才有机会当面向您讨教，还希望先生不吝赐教！”

韩信这番话让李左车很是受用，于是也敞开心扉说道：“尝闻‘智者千虑，必有一失；愚者千虑，必有一得’。将军如此厚爱，左车实不敢受。在左车看来，将军百战百胜，威名赫赫，天下皆知，这是将军之长。但是将军也有一个致命弱点，那就是您的军队已经很疲惫，而且粮食供应跟不上。因此无论强齐还是弱燕，都不是将军现在可以攻打的。”

韩信点点头，然后又问：“那请问先生，接下来该怎么办？”

李左车说：“解甲休兵，原地休息，养精蓄锐，扩军备战。待兵强马壮后，派一位能言善辩的使节出使燕国，向他们展示汉军的强大，那么燕国肯定经受不住威吓而屈服于您。燕国一投降，单独一个齐国也就不在话下了。”

应当说，李左车的建议极具战略眼光，也被韩信所采纳。

可惜刘邦不同意。

刘邦有刘邦的道理。

自从逃出了荥阳后，刘邦一路向西直奔关中。因为兵员严重匮乏，刘邦一面收集被打散的士兵，一面调整了战略：暂停东征，出武关南下，吸引项羽主力跟随南下，然后打游击，在游击过程中坐等韩信东征，并在时机成熟时再次亲自带兵东征，夺回荥阳与成皋。

刘邦调整后的战略也没有错。

此后，刘邦率领英布等人南下游荡于叶县与宛县（今河南南阳）之间，顺手收集那些被打散了的各路人马。项羽果然上钩了，率部自荥阳杀向了宛县。

见项羽来到，刘邦立即回城坚守不战。项羽面对坚固的城防工事以及龟缩于城内的刘邦，一时也没有好的办法。

就在双方僵持于宛县之际，西楚的大本营又出事了。

原本按刘邦命令在楚国后面打打小游击的彭越，突然杀入楚国腹地，在斩杀数名楚军大将的同时，还夺走了西楚的十几座城池。

项羽得悉后院起火后，不敢不管，只得离开宛县回到荥阳，稍微安排了一下荥阳与成皋一线的防务后，便亲自率兵回去教训彭越。

彭越本来就没想和项羽硬拼，因此见项羽一回师，立刻又放弃抢来的楚国城池，重新打起了游击。

这边刘邦见项羽主力东撤，当即抓住机会，挥师北上重新夺回了荥阳和成皋。

然而好景不长。这一次刘邦虽然住在成皋而非荥阳，但还没踏踏实实睡几个好觉，在楚国赶走了彭越的项羽马上又杀了回来。

项羽、刘邦再一次对峙于荥阳、成皋。

此时的项羽累得要命。短短两个月时间，从荥阳出发南下宛县追杀刘邦，从宛县东奔回楚国灭火，又西征杀到荥阳城下。来回上千公里，岂能不累？

此时的刘邦怕得要死。手头的兵力就那么一点，前次在荥阳就差点儿没能脱身，这一次眼看又要被项羽包围，岂能不怕？

怕，当然比累严重。

所以当不怕累的项羽一发起猛攻，怕死的刘邦就立刻开溜。

荥阳与成皋再一次落入项羽之手。

从成皋逃出的刘邦已不敢再回关中大本营，因为坐守关中大本营的萧何就算有三头六臂，也帮不上忙了。

前次刘邦在彭城大战中惨败给项羽后，萧何第一时间为他送来了兵源。上次刘邦在荥阳惨败给项羽后，萧何再一次为他送来了兵源，那一次已经很难了，因为送来的全是非老即弱。现在再回去，恐怕连公鸡都找不着一只了。

既然如此，刘邦认为，那就必须开辟新战场以牵制楚军。而此时，开辟新战场的最好方略，莫过于攻下齐国以威胁楚之后方。而且，如果汉军攻齐，楚军必救。这样，刘邦在荥阳、成皋一线战场的压力就可减轻。

主意已定，刘邦便不断催促韩信出兵伐齐。

此时的韩信，按照李左车的策略，已不战而屈人之兵，通过外交攻势拿下了燕国。然而令刘邦不解和不安的是，对于伐齐，韩信却似乎不感兴趣，迟迟不见动作。

刘邦等不及了，也害怕手握重兵的韩信搞出点什么“幺蛾子”，于是决定亲自出马……

一次关键的站队

站在汉一边，则汉胜；站在楚一边，则楚赢。韩信的这次选边站队，实在关键……

就在韩信打败赵国八个月后的一天清晨，他一觉醒来，突然发现自己的将印和兵符都不见了，而刘邦却在军中调兵遣将。原来，刘邦只带了夏侯婴一人，自称汉使驰入军营，趁韩信睡得迷迷糊糊之际，夺取了兵权。张耳也未能幸免。

在古代，将印是将军身份的证明，而兵符则是传达命令或调兵遣将所用的凭证。古时军队行军打仗，颁布军令，集结军队，属将和士兵从来都是认兵符不认人，就算是天王老子来了，手中无兵符，想调动一支军队，那也比登天还难。同时，一个君王想废黜属将，第一件事也是夺去他的兵符。

因此,将印和兵符一失,韩信和陈耳只能听从刘邦的命令去攻打齐国。

然而还没等汉军投入战场，齐国却投降了。投降的原因，是当年帮助刘邦攻下陈留县的郦食其成功劝降了齐王田广。

郦食其的办法是“胡萝卜加大棒”式的说服。

郦食其先问田广：“您知道天下人心所向吗？”

田广回答说：“我不知道。”

郦食其立刻用伤感的语气说：“那您和齐国就很难保全了。”

田广有些惊讶,急忙问道:“那依先生所见,天下人心究竟归向谁呢？”

郦食其说：“当然是汉王刘邦。”

田广又问：“先生此言有何根据吗？”

郦食其说：“别的不谈，仅说一点。汉王攻下城池立刻就给有功的将领封侯，缴获了财宝立刻就分赠给士兵，和手下人同得其利，所以那些英雄豪杰、才能超群的人都愿意为他效劳。而项王对别人的功劳从来不记着，对别人的罪过却从来不曾忘掉。将士们打了胜仗得不到奖赏，攻下城池也得不到封爵。所以天下人背叛他，才能超群的人怨恨他，没有人愿意为他效力。将来天下会归谁，这个问题连七岁的小孩都能看明白。”

见田广沉默不语，郦食其又接着说道：“您若是赶快投降汉王，那么不但齐国的社稷能够保全下来，汉王还能够按功奖赏；倘若不投降的话，那么危亡的时刻立刻就会到来。所以，这叫先降汉的占便宜，后臣服的先灭亡。”

田广觉得郦食其所言有道理，也就降了汉。

齐国既降，韩信自然就没有了动武的必要，于是准备退兵。

然而谋士蒯通却反对。

作为当时和郦食其齐名的纵横家，或许是“卖面粉的见不得卖石灰的”，也或许是“看热闹不嫌事大”，总之蒯通觉得不搅搅局是不行的，于是他对韩信说：“郦食其仅凭三寸之舌，用了不到半顿饭的工夫，便搞定齐国，而将军您率兵数万，费了老半天劲，才拿下赵国。难道将军的数年奋战，竟不如姓郦的老家伙一席话？”

韩信无可奈何地说：“可是齐国已经投降了呀！”

蒯通说：“是投降了，可汉王下令收兵了吗？”

韩信恍然大悟，立刻率兵攻打齐国。

投降了居然还挨打，齐王田广自然认为自己上当受骗，一怒之下便把郦食其扔进了油锅。然而毫无戒备的齐国，哪里是韩信的对手？项羽派来的援兵，也被打得狼奔豕突。齐国很快就全归了韩信。

这时的韩信，要兵有兵，要地有地，于是成为齐王。

不过，他这个王衔来得不太地道。

平定齐国后，面对扑面而来的鲜花和掌声，韩信是很享受的。对那些诸如“盖世奇功”“千古名将”之类的赞语，他也毫不客气地收下。应当说，这时的韩信既有“春风得意马蹄疾”般的畅快，又有踌躇满志后的自得。

这也不难理解。

从一个饭吃不饱还经常受人欺负的穷小子成为名震天下手握重兵的大将，这是何等的风光，何等的荣耀，然而又是何等的不易。一路走来，韩信品尝过艰辛，品尝过寂寞，更品尝过痛苦。他发誓绝不做人下人，他发誓要一举成名，他发誓一定要建功立业。如今这一切都做到了，他能不畅快、不自得吗？

然而高兴劲儿一过，韩信又觉得似乎缺少了点什么。缺什么呢？那就是缺一个与自己此时身份、地位、实力相当的名号。

如果说，韩信从前的梦想是做一名大将军的话，现在则有了更高的追求，那就是做诸侯，做一个统辖一方的诸侯。

其实对于此时的韩信来说，做诸侯就跟吃饭睡觉一样容易，看看他打下的辽阔土地，看看他手里的部队，如果他愿意，他只需要当众宣布自己做齐王就够了。没有人可以反对，就算反对，又能怎么样呢？楚汉之际，无数先辈枭雄不就是这么干的吗？

但韩信却不愿意这样做。不愿意的原因不是他不敢，而是他不想。他不想与汉军决裂，不想与刘邦决裂，也不想做忘恩负义之人。

但做王的欲望又像一团火焰在心中熊熊燃烧，烧得他食不甘味，寝不安席。最后，韩信找到了一个自认为巧妙的办法。他给刘邦写了一封信，信中说，齐人虚伪多诈，反复无常，而且又依仗着南边与楚为邻，所以很难摆平他们。敬请汉王允许我当“假齐王”，以便镇住他们。

收到信的刘邦正在荥阳一带遭受项羽大军的围攻，形势十分危险，因此他勃然大怒，当着韩信使者的面便大骂：“我现在都快成项羽砧板上的肉了，可这王八蛋不但不想法来救我，反而要自立为‘假齐王’，简直……”

站在刘邦身旁的张良和陈平脸色大变。他们知道此刻不能得罪韩信，也挡不住韩信称王，不如做个顺水人情，结成统一战线。因此，两人不等刘邦骂完，便暗示刘邦。

刘邦是何许人也，马上醒悟过来，立即改口骂韩信说：“这小子简直太没有出息了，男子汉大丈夫要当就当真王，当什么假王！”

为了表示隆重，刘邦还特派张良为代表，让他持印赴齐，正式封韩信为王。

自此，实力最雄厚的人变成了三个：楚王项羽、汉王刘邦、齐王韩信。

韩信的地位骤然上升，其一举一动关系着刘邦和项羽的兴亡成败。项羽也看到了这一点，连忙派说客武涉去游说韩信。武涉直接开门见山，一见韩信就说：“今楚汉二王相争，您起决定作用，投楚则楚胜，投汉则汉胜。但您应该看到，您之所以有今日，是因为有项王的存在，汉王才离不开您。但项王如灭亡，汉王接着就要对付您。您和项王有旧交，何不反汉结楚，三分天下而称王？若放弃这一良机，只怕将来悔之晚矣！”

客观地说，武涉这番话既符合当时的实际，也最大限度地照顾到了韩信的利益。后来的事实也证明，韩信无论投靠谁都会吃亏，唯有自成一势，方可保得长命百岁和一世富贵，不然只能落得兔死狗烹的悲惨结局。

说完这番话后，武涉本以为韩信没有理由拒绝他，可惜他还是错了。韩信就是韩信，一个不一样的韩信，利益于他固然重要，“仁义”在他心里却更具分量。他既然能对漂母“滴水之恩涌泉相报”，就更没有理由忘记刘邦的恩情。

所以韩信对武涉说：“当年我跟随项王，官不过郎中，位不过执戟，意见不被采纳，计谋不被选用，这才离楚投汉。汉王拜我为上将军，拨给数万军队，拿上等衣服给我穿，分美食给我吃，对我言听计从，所以我才能有今天。汉王待我如此厚道，我又怎能背叛呢？请先生回去后替臣向项王谢罪吧！”

武涉见韩信态度坚决，只好怏怏而去。

武涉前脚刚走，蒯通后脚就进到韩信帐中。

蒯通也是来游说韩信的，而且立场和武涉一样。但蒯通很清楚，如果自己也像武涉那样单刀直入，结果也好不到哪里去，于是他决定换个方式。

蒯通笑着对韩信说：“臣想给大王您看一下相。”

韩信也笑着说：“好啊，先生还会这个？”

蒯通说：“臣早些年学过相面术，略通一二。但天机不可泄露……”

韩信立即屏退左右。

蒯通马上改用严肃的语气说：“臣观察您的脸谱，最多不过被封为侯爵，并且还总是处于危险之中。看您的背形，则贵不可言。”

蒯通这段话其实是一语双关，所谓“背”表面看是指后背，言外之意则是"背叛"。傻瓜都听得出来，蒯通这是要告诉韩信，如果你只是守着汉王刘邦过日子，那是相当不安全的；如果背叛刘邦，就可以天高任鸟飞，海阔凭鱼跃。

韩信却佯装不知，故意问："先生何出此言？"

接下来蒯通洋洋洒洒说了一大通，大意是说，义兵初起之时，英雄豪杰振臂一呼，有识之士纷纷响应云集。这个时候，人们想到的只是要灭亡暴秦而已。而现在呢？无辜之人肝胆涂地，父子兄弟曝尸荒野，百姓苦不堪言。为什么会这样呢？还不是楚汉相争引起的。所以，这样罪恶的战争应该结束。那么谁来结束呢？当然是韩信。怎样结束呢？很简单。韩信先占据齐国，按兵不动，谁也不帮，然后自力更生，奋发图强。一旦时机成熟，便携手燕赵两国，出兵西进，为民请命。到那时，势必"天下风走而响应矣"。

那么，蒯通这方案可行吗？

相当可行。

蒯通说，刘邦和项羽，相持不下已经三年。双方都损兵折将，智殚勇磨，正所谓"锐气挫于险塞，而粮食竭于内府"，怨声却载于道路。他们能够动用的力量已经全都用完了。如果韩信不动，谁都不敢先动。

所以，蒯通劝韩信赶紧打定主意。

然而韩信听后，却睁大眼睛满脸严肃地说："汉王待我不薄，我怎能见利忘义、背恩忘德呢？"

蒯通说："请问大王，如果从朋友的角度来说，您和汉王有张耳与陈馀的关系铁吗？"

韩信说："那当然没有，张耳和陈馀可是结拜的生死兄弟。"

蒯通说："这就对了，张耳和陈馀贵有生死之盟，尚可自相残杀，你和汉王的关系又算什么？"

韩信无言可对。

蒯通又说："请问大王，如果从君臣的关系看，您对汉王有先秦时期的文种先生对勾践那般忠诚吗？"

韩信说：“文种跟随勾践多年，俩人感情非一般人能比。”

蒯通说：“这又对了，文种自以为以他对勾践之忠诚，可保百世富贵，然而结果呢？还不是被勾践当作眼中钉拔掉，留下一个鸟尽弓藏、兔死狗烹的悲惨结局？”

韩信又无言可对。

蒯通说：“既如此，大王您就不要再犹豫了。今天您兵强马壮，实力强大，投奔项王，项王不会相信您；忠于汉王，汉王也会以您为危险人物，必欲除之而后快。既然您左投不是，右投也不是，那就只有自立为王，勇敢地开辟属于您的生存空间。”

蒯通这番话其实与武涉所说相差不大，后来韩信的遭遇也证明，二人所说确实没错。然而尽管蒯通前后劝说了三次，韩信几经犹豫，还是选择站在了刘邦这边。

那么，韩信为什么既不听武涉的，也不听蒯通的呢？

除了知恩图报外，也许，他真的没有过分的野心；也许，他心存侥幸；也许，还有更多不为人知的原因吧……

总之，这是一次极为关键的站队，不但改变了刘邦、项羽乃至于韩信本人的命运，也改变了中国历史的走向。

第十二章

最后的悲歌

不值钱的契约

当项羽傻乎乎地以为“鸿沟之约”能给自己赢得喘息之机时，刘邦已将钢刀悄悄指向他的后背……

韩信被刘邦封为齐王后，开始厉兵秣马准备进攻楚国。得知消息的项羽决定先下手为强，派大将龙且率军攻打韩信。

龙且哪是韩信的对手，很快兵败被杀。

所谓“屋漏偏逢连夜雨”，这时，彭越袭击楚军的后方梁地（今河南开封一带），攻下十多座城池。梁地连接西楚腹地与楚军前线，一旦被攻下，楚军的补给线就会被切断。项羽只好委任大臣曹咎守成皋，钟离昧守荥阳，自己则亲率军队向东进攻彭越。

行前，项羽告诫曹咎千万不要出战，只要能守住十五天，他就会打败彭越返回。

见楚军主力突然离开，驻军黄河北岸的刘邦欣喜若狂，当即下令三军全力攻打成皋。但城中的曹咎遵照项羽的命令，高挂免战牌，不与汉军接战。

可惜曹咎遇上的不是别人，而是刘邦。

原本就是流氓出身的刘邦有的是办法，他命令全军将士站在阵前，异口同声地骂曹咎。

一开始，曹咎还能沉得住气，坚持闭门不出。但几天下来，汉军将士骂得越来越下作，几乎把人类所能使用的淫秽龌龊语言全都使用了一遍。

曹咎好歹也是个血性男儿，哪里受得了！于是决定出城与汉军决一死战，把面子讨回来。

曹咎向来自负，自认为不比韩信差。事实证明，与韩信相比，他差远了。他原本计划带兵出城急渡成皋东面的汜水后，像韩信背水一战那样，背靠河水摆开阵势，与汉军在水边决战。

谁曾想，楚军方下水，汉军已经发现他们，并攻了上来。涉水一半的楚军哪能有什么战斗力，纷纷被击杀。兵败后的曹咎，带着满脸悔恨，自刎于汜水之畔。

刚刚打败彭越的项羽听闻曹咎兵败，连夜引兵往回赶。行军至广武(今河南荥阳东北)时，与刘邦的汉军相遇，由于天色已晚，双方各自安营扎寨，准备第二天交战。

当夜，刘邦与众将商议。大家认为，现在楚军在西面，很难获得军用物资供给，如果长期对峙，等楚军粮草断绝，必然不攻自破。刘邦同意了这个建议。

第二天，项羽气势汹汹地前来挑战，但汉军闭门不出，不予理睬。一连好多天，皆是如此。

眼见粮草越来越稀缺，将士们就快没饭吃了，项羽急得口舌生疮。忽然，他想到刘邦的父亲不是在自己军中吗？于是令人将其绑到阵前，放在杀猪用的砧板上，然后派人大声吆喝："刘邦你再不投降，我就把你老爹宰了。"

刘邦大吃一惊，连忙走出军营眺望，果然看到自己的老父亲脖子上架着大刀。

就在项羽以为计谋将要得逞的时候，没想到刘邦却嬉皮笑脸地说："当年咱俩在怀王手下当差的时候，曾结拜为兄弟，所以我爹就是你爹。今天哥们儿既然打算把咱爹烹了，可别忘了给兄弟我留碗肉汤。"

项羽气得哇哇大叫，见过不要脸的，没见过这么不要脸的！可又毫无办法。

第二天，冷静下来的项羽觉得头天的做法确实有失体面，于是派人到汉营给刘邦传话，说天下如此纷乱，无非就是因为咱哥俩相持不下。那这样吧，干脆咱俩来个单挑，是死是活交由天意，以便尽早还天下以安宁。

刘邦听完这一席话后，哈哈大笑着对楚国使者说："你回去告诉项王，比酒，我刘邦随时奉陪。打架，那就免谈。"

消息送到楚营，项羽心想：你刘邦不是不敢和我单挑吗？那我就用言语激怒你羞辱你，看你怎么办？于是令信使再次过去，请刘邦出阵对话。

除了喝酒，刘邦自认为在吹牛侃大山方面绝不逊色于项羽，因此毫不犹豫地来到阵前与项羽对话。

二人远远一打照面，刘邦也不客气，劈头盖脸就指出了项羽的十大罪状，什么不讲信义、杀害义帝、屠杀百姓等等。

项羽还没听完，暴脾气就上来了。他挥起刀戟，大声喝道："赶快给我射死口出狂言的刘邦！"

如蝗般的箭头，顷刻间从楚军阵中直向刘邦飞去。刘邦急忙转身，可惜晚了一步，胸口被射中了一箭。

为了安抚军心，刘邦忍住剧痛，故意弯腰摸着脚趾喊道："好你个项羽，居然射中了我的脚趾头，算你狠。"

回到营帐包扎了伤口后，刘邦又在张良的建议下，故作潇洒到各军营巡视了一番。大家看到汉王没事，这才都放下心来。

这边项羽却以为刘邦已被射死，汉军必大乱，于是决定于第二天发动猛攻。然而探子很快带回刘邦安然无恙的消息。项羽失望透顶，暂时不敢妄动。

汉楚两军又僵持起来。

日子一天天过去了，眼看军粮迟迟运不上来，士兵们整天有气无力，项羽真是心急如焚。

就在这时，刘邦派人入楚营讲和。

刘邦虽然断定楚军粮草接济不上，但他也很清楚，楚军的战斗力尚在，而自己的将士们身心俱疲，贸然出战并不一定能取得胜利。何况自己的父亲和妻子还在项羽手上，这始终是制约自己的一个重要因素。因此，还是暂时以和为贵。

刘邦提出的条件是，项羽归还自己的父亲和妻子，楚汉中分天下。

中分天下的分界线，叫鸿沟。鸿沟原本是一条古运河，是战国时期魏惠王十年开凿的。故道从今河南省荥阳市引黄河水，至淮阳县流入颍水。以此为界，西为汉，东为楚，这就是"楚河汉界"的由来。

兵疲粮绝的项羽此刻已无心恋战，何况刘邦的议和条件还很优厚，于是双方达成了和平协定，史称“鸿沟之约”。

应当说，楚河汉界的划分充分展示了刘邦“以退为进”的谋略，而只知尚武的项羽却没想太多，率领大军就往彭城撤退，一边走还一边打着自己的小算盘：等我回到老家好好休整一番后，再带足粮草，大军压境，将刘邦彻底消灭。

天真的项羽又一次失算了。

在和平协议达成后不久，张良和陈平就对刘邦说，我们已占有天下大半，粮草也很充足，将士们也休整得差不多了。项羽其实已撑不下去，而且楚军归心似箭，既不想打仗，也没有准备打仗。这是上天亡楚之时，机不可失，时不再来，绝不能放虎归山。

就当时的形势来说，张良和陈平的分析是有道理的。

有道理的意见和建议刘邦总是愿意听，于是他决定单方面毁约，打过鸿沟去。

从某种角度来讲，刘邦这种出尔反尔的做法，算是违背了战争之道和契约精神。然而人类从古至今的残酷现实告诉我们，所谓和平协议，对强国来说（这时的刘邦加上韩信、彭越、英布等，实力是强过项羽的），它可以有用，也可以是一张废纸，因为国与国之间从来就只有永恒的利益，没有永恒的道德信义。

所以，无论项羽曾经是多么的不可一世，等待这位霸王的，也只能是“别姬”了。

四面楚歌，唱断美人魂

“霸王别姬”的故事无论有多么的凄美绝伦，它都始终只是一出悲剧……

得知刘邦撕毁约定，派兵来袭，项羽怒不可遏：“好你个刘邦，居然是个不讲信用的小人，真恨当初没有一刀宰了你！”

类似的话项羽不知说过多少遍，可每次说完还是上当。古语说“吃一堑长一智”，在项羽这儿，却是吃“堑”吃上了瘾，光吃不长智。

不过，缺心眼的项羽却从来不缺战斗的激情，他当即点齐人马，迅速掉头向汉军杀奔过来。

刘邦在发起进攻的同时，还号令韩信和彭越率军前往固陵会师与项羽决战。然而，当刘邦怀着兴奋的心情追到固陵时，却连韩信和彭越的影子都没见到。

这下麻烦大了。刘邦的汉军其战斗力本来就不如楚军，加之又被楚军的回马枪杀了个措手不及，所以结果不言而喻，汉军大败。刘邦只好龟缩于固陵城内，坚守不出。

“韩信和彭越不肯前来助战，该怎么办？”刘邦忧心忡忡地问张良。

张良的回答很简单，这是两个不见兔子不撒鹰的家伙，只要你让他们得到好处，他们肯定会来。

刘邦立刻明白了，不就是舍不得孩子套不到狼嘛，于是许下诺言：胜利之后，陈县以东的土地归齐王韩信，睢阳以北的土地归彭越并封其为王。

得偿所愿的韩信和彭越立刻高高兴兴地率军赶来会战。与此同时，英布等人也陆续率军赶到，汉军的人数一下子达到五六十万之众。

而这时的楚军仅有十来万，项羽就算有三头六臂，也无法与汉军硬拼，只好向东南撤退。项羽退至垓下（今安徽灵璧境内）驻扎下来，准备养精蓄锐后与汉军决战。

刘邦自知指挥作战不是自己所长，便将指挥权交到了韩信手中。

韩信不愧“国士无双”之名号，他根据当时的形势和项羽的特点，制定了一个前无古人的战法——十面埋伏。

被重重包围的项羽无计可施，只好终日坐在营帐里冥思苦想。有一天，他拿出霸王的气势，带着少量精锐部队冲了出去。但韩信“织的”

十面埋伏之网实在是太结实了，项羽冲出一层，立马又围上一层。项羽突围了几次都失败了，损兵折将的他绝望之极，只好返回垓下的军营……

此时军粮已经吃完，身边将士个个愁眉苦脸，认为胜利的希望越来越渺茫。项羽见了，大声喝道："一个小小的刘邦算什么！明天我就去把他斩于马下。你们放心好了，我们一定会平安回到彭城。"可惜项羽的话根本没有人听得进去，楚军军心越发动荡。

夜幕降临，独坐营帐的项羽愁眉不展。突然，一种从未有过的无助感从脚心直升到头顶，项羽脸上不禁露出了绝望的神色。

这时，最受项羽宠爱的妃子虞姬走过来，小心翼翼地对他说道："霸王，不要担心，吉人自有天相。"

项羽抬起头看着虞姬，慢慢将双手搭在她肩上，然后深情地说道："虞姬，这次恐怕凶多吉少，你在我身边受苦了。"

虞姬顿时潸然泪下。待情绪稍稍稳定后，她拿起酒壶，斟上一杯酒，柔声说道："饮一杯暖暖身子吧，天明时分一定会有出路的。"

项羽点点头，拉起虞姬的手，一面饮酒，一面和她谈起了过往的甜蜜时光。

夜渐渐深了，项羽略有醉意，虞姬也昏昏欲睡。就在这时，外面刮起了猛烈的西风，风声把项羽惊醒了。忽然，他听到风声里夹杂着若有若无的歌声。项羽觉得很是奇怪，便对虞姬说道："你听到了吗？外面好像有我们熟悉的歌声。"

虞姬侧耳一听，惊讶地叫道："是啊，唱的是我们西楚的歌！"

不久风声渐小，楚歌从四面八方响起。项羽忍不住跳起来大喊道："怎么了？难道西楚已被刘邦攻下？不然汉军中怎么会有这么多楚人呢？"

虞姬闻听此言，泣不成声。

这时项羽的坐骑乌骓（zhuī）不知是否也被楚歌勾起了思乡之情，在帐外不停哀鸣。项羽出帐，抚摸着这匹伴随自己出生入死的骏马，眼睛也变得湿润起来。

跟出来的虞姬强作欢颜劝慰项羽："垓下之地高岗绝岩，易守难攻，只要我们按兵不动，总会觅得机会的。”然后她把项羽劝进帐中，继续喝酒解闷。

又是几杯酒下肚，项羽起身慷慨悲歌：

力拔山兮气盖世，
时不利兮骓不逝。
骓不逝兮可奈何，
虞兮虞兮奈若何！

这首歌是项羽自己创作的。他反复唱了好几遍，唱得悲壮而苍凉。旁边的随从都被深深打动，无不泪流满襟。

项羽的歌声一时盖过了外面楚歌的声音，却让虞姬更加悲伤。肝肠寸断的她一边抽泣，一边舞剑和歌：

汉兵已略地，
四方楚歌声。
大王意气尽，
贱妾何聊生。

虞姬唱完，冷不防抽出项羽腰上佩剑，自刎身死。项羽本想阻止，可为时已晚。他紧紧地抱住虞姬，失声痛哭起来。这感人的一幕，遂成为后世艺术创造中最经典的画面。

其实史书关于虞姬的记载非常之少，少到连其正名都没有留下。在《史记·项羽本纪》中也只有一句“有美人名虞。”因此，后世便出现了两种截然不同的推测：有人认为“虞”为美人之名，有人认为“虞”为美人之姓。而“虞姬”，则成为后世为了让她与项羽的美丽故事得以传承下去专门固定下来的称呼。她的真名实姓与她的生平，甚至连她的死因，都成为历史之谜。

虽然虞姬是一个谜,但四面楚歌对项羽和楚军的打击是确定无疑的。

远离故土又被敌军重重围困的楚军将士本就身心疲惫备受煎熬，心理防线已濒临崩溃，这时静谧的夜空中突然传来故乡的曲调，又是那样的哀婉凄楚，正所谓“入夜思归切，笛声清更哀”，他们内心受到强烈的摧伤是必然的。在这样的场景下，他们的战斗力还剩几何呢?

因此可以这样说，垓下之战中汉军于深夜围歼楚军时高唱楚歌，是在最合适的时机用了最合适的战术，达到了预期效果，此战堪称古代军事史上的著名战例。

至今思项羽，不肯过江东

项羽原本可以不死，甚至卷土重来也未可知，然而他却放弃了，所以人们“至今思项羽，不肯过江东”……

虞姬之死，说明项羽已走到穷途末路的绝境。如果说，从前的他是一棵遮天蔽日的参天大树的话，现在则已被人连根拔起，再也无人能在他之下吹风乘凉了。

然而项羽终究是一个不信命的人，坐以待毙绝不是他的风格，他决定率领楚军强突，与汉军拼个鱼死网破。

午夜时分，项羽整束完毕，但他惊讶地发现，汉军的楚歌就像秋风扫树叶一样，刮走了一片楚军，剩下的楚兵则像寒风中的枝叶一般颤抖不止。

此时的项羽本能地感觉到，要想率领这几万丧失信心的楚兵冲出汉军的重重包围,那简直是痴人说梦。既如此,那就留下他们,自求好运吧!

项羽挑选出八百精锐骑兵，然后跨上乌骓马，率领他们奋力向东面冲杀而去。

是时天空一片漆黑，项羽和他的八百勇士完全变成了一帮亡命之徒，杀得异常凶猛。至黎明时分，终于杀开一条血路，向南而逃。

等到天亮汉军发现跑掉的人竟然是项羽时，项羽已率领剩下的一百多人渡过淮河到达了阴陵。

阴陵位于今安徽定远西北部，是一片空旷的田野，有两条路通向远方。然而韩信等人却在这里迷了路，不知走哪条才能通往彭城。

这时项羽看见一个农夫正在田间劳作，便焦灼地上前打听。

农夫抬起头看了项羽一眼，认出他是屠过好几次城的西楚霸王，心中怨恨，又听到远方传来紧迫的马蹄声，立刻明白项羽是在逃命，于是在心里冷笑一声，只对项羽说了一个字："左。"

项羽等人立即策马扬鞭，往左边的道路急驰而去。可是跑了半天，项羽却发现上当了。原来农夫所指之路是一条死路，路的尽头是一片沼泽，无法继续前行。

项羽只好率众原路返回。

不幸的是，汉军大将灌婴已率领五千骑兵追了上来。项羽只好率众一边厮杀一边向东而逃，等到达东城(今安徽定远东南)时，他的身边只剩下二十八名骑兵。

此时，汉军从四面八方涌过来，项羽却毫不畏惧。他率领将士们爬上一处高地，然后斗志昂扬地对他们说："我自起兵以来，已经八年，身经七十余战，战必胜，攻必克，从没败过。这一回，大概是天要亡我了！那好，我就为诸位痛痛快快再打一次，看看是我不会打仗，还是天要灭我。"

然后项羽把二十八人分成四队，每队七人，命令他们伺机向四个方向突围，越过大山后在东边集合。

此时，汉军像流着口水的饿狼，围得越来越近。项羽却用大象看蚂蚁般的眼神看着汉军，轻蔑地说道："兄弟们都看好了，我现在就冲下去，斩下一将给你们瞧瞧。"

说完，项羽犹如一阵龙卷风从天而降，直向汉军扑去。汉军何时见过这般气势，纷纷溃散，有一员将领果然成了项羽刀下的冤魂。

项羽笑了。

他回过头来得意地看着将士们说："怎么样？我说得没错吧？"

扈从将士一起拜倒在地，异口同声地说："大王果然英勇无敌，我们心服口服！"

项羽哈哈大笑，命令将士们分四面向下冲，自己也再次向汉军冲去。据说项羽在这块高地上来来回回冲杀了九趟，有如猛虎入羊群般，连斩上百人，杀得汉兵鬼哭狼嚎。因此这座高地后来被叫作九头山，也叫四溃山。

趁着汉军惊魂未定，项羽和将士们又一次冲出重围，向东逃跑，并抵达乌江。

乌江，即今天的安徽省和县乌江镇。乌江地处苏皖两省交界处，万里长江由此穿过。渡过长江，前面就是项羽的发迹地江东。

此时，长江边上，乌江亭长正在泊船而待，他等待的人就是项羽。乌江亭长告诉项羽，整个江上只有他这一条小船，汉军是无论如何也追不过江的，而且他还用期待的语气对项羽说："江东虽小，地方千里，人口几十万。大王过了江，还可以在那边称王，然后卷土重来！"

项羽笑了。

这是欣慰的笑。他欣慰的是，当自己走投无路时，江东父老仍然牵挂着他。

这又是悲哀的笑。他悲哀的是，自己曾经席卷天下，可如今居然落魄至此，霸王的脸面何在？

项羽看了一会儿滔滔不绝的江水，又看了看身边仅存的二十多名将士，突然泪流满面。

他一边流泪一边苦笑着说道："既然上天要灭亡我，我又何必渡江逃命呢？想当年我率领八千江东子弟渡江参加反秦斗争，现在他们却没有一人跟着我回来，我还有什么脸面去见江东父老呢？就算他们看在我的面子上什么也不说，仍然拥戴我为王，难道我自己心里不会感到惭愧吗？"

这时后面一阵喧哗，追击的汉军蜂拥而至。项羽拉着乌江亭长的手说："您是忠厚长者，您的好意寡人无以为报，就把乌骓马送给您吧。这是一匹好马，能日行千里，跟着我出生入死五年，从没有打过败仗。您就带它渡江吧，还请好好养着它。"

乌江亭长知道多说无益，只好牵马上船。乌骓马一边走一边回头望着项羽，长嘶不已。

项羽最后看了一眼心爱的乌骓，向它挥了挥手。然后转身命令将士们下马，与汉军短兵相接。

汉军围了过来，项羽暴喝一声，冲了上去。一阵砍杀后，杀死数百汉军士卒，自己也受伤十余处。

这时项羽看见汉军中有一个叫吕马童的老相识，于是停止厮杀，指着吕马童问道："这不是我的老朋友吗？"

吕马童曾是项羽的部下，后来背叛项羽投降了刘邦，做了骑司马（骑兵部队的参谋官）。由于过去项羽对他很好，因此吕马童见到项羽后觉得很惭愧，就背过脸不敢正视项羽。当然，他也没有放过项羽的意思，而是对旁边的汉将王翳说："他就是项王，千万别让他跑了！"

汉军将项羽团团围住，但这位身负重伤的西楚霸王仍让他的敌人闻风丧胆，他们谁也不敢动手。

项羽仰天长笑着对围住他的汉军将士说："听说刘邦出大价钱、赏千金、封万户侯买我的人头，我就送个人情给你们吧！"

说罢，项羽一剑砍下了自己的头颅。

王翳见项羽自杀身亡，立刻扑过去取走了他的人头。其他人为了立功，也一拥而上，争相纵马践踏，拼死争夺。

一世豪雄，就这样不得善终。

项羽死时，年仅三十一岁。对于他的死，后世的文人墨客们留下了无数脍炙人口的文字。其中最为典型的，当数南宋著名女词人李清照的佳作《夏日绝句》：

生当作人杰，

死亦为鬼雄。

至今思项羽，

不肯过江东。

项羽的死，也标志着一个旧时代的结束和一个新时代的到来。

公元前 202 年，刘邦在山东定陶汜水北岸举行登基大典，即皇帝位（史称汉高祖），定国号为汉。

从此，中国历史进入了汉朝。

那么，在这个伟大而强盛的朝代，刘邦和他的子孙们又做了些什么，而这些，又对中国历史产生了怎样的影响呢？请看拙著《气势磅礴的大汉王朝》。

本书简要大事年表

前 221 年 秦始皇称帝，大秦帝国建立。

前 219 年 秦始皇遣徐福入海求长生不死之药。灵渠建成。

前 218 年 张良刺秦始皇未遂。

前 215 年 秦将蒙恬率兵三十万，北击匈奴。

前 214 年 李斯为丞相。

前 213 年 秦始皇焚书。

前 212 年 秦始皇坑儒。

前 210 年 秦始皇卒，秦二世继位，杀扶苏、蒙恬。

前 209 年 陈胜吴广起义。刘邦起兵于沛县，项梁起兵于吴县。

前 208 年 秦二世杀李斯，任赵高为相。陈胜被杀。项梁立楚怀王。秦将章邯攻楚，项梁战死。楚怀王令刘邦西进关中。

前 207 年 项羽在巨鹿之战大破秦军，章邯降楚。赵高杀秦二世，立子婴为秦王。

前 206 年 秦王子婴向刘邦投降，秦亡。项羽屠咸阳，自称西楚霸王，封刘邦为汉王。

前 205 年 刘邦兵发洛阳，公开为义帝发丧。

前 204 年 范增病死。

前 203 年 刘邦和项羽以鸿沟为界，中分天下。

前 202 年 刘邦围项羽于垓下，项羽兵败自杀。刘邦称帝建汉朝。

本书主要帝王列表

嬴政（前 259 ~ 前 210 年） 中国历史上第一个使用“皇帝”称号的君主，自称“始皇帝”（后世称之秦始皇）。首次完成统一中国的大业，奠定了中国后世疆域的雏形和此后两千余年政治制度的基本格局。

胡亥（前 230 ~ 前 207 年） 秦始皇第十八子。其父死后在赵高与李斯的帮助下，逼死兄长扶苏，当上皇帝（史称秦二世）。即位后屠杀兄弟姐妹，实行残暴统治。后被赵高心腹阎乐逼迫自杀。

子婴（？ ~ 前 206 年） 秦朝最后一位统治者。秦二世死后即位，因此时秦国只剩下兼并六国前的疆域，故去帝号，改称秦王。不久用计诛杀赵高。虽有心复国但无力回天。刘邦入关后投降。后为项羽杀害。

陈胜（？ ~ 前 208 年） 秦末农民起义的杰出领袖之一。与吴广一起在大泽乡率众起兵，不久后在陈郡称王（史称陈王），建立张楚政权。后被秦将章邯所败，遭其车夫杀害。

项羽（前 232 ~ 前 202 年） 秦末农民起义的杰出领袖之一。早年跟随叔父项梁起兵反秦，项梁阵亡后成为楚军首领。作战勇猛，取得巨鹿之战的胜利。秦亡后分封诸侯，自称西楚霸王。后与刘邦展开了历时四年的楚汉战争，最终兵败垓下，突围至乌江自刎而死。

刘邦（前 256 或前 247 ~ 前 195 年） 秦末农民起义的杰出领袖之一。出生农家，曾任沛县泗水亭亭长，因释放刑徒而逃匿山中。陈胜起事后不久率众响应，历经波折逐渐成长为义军领袖之一。入关中后，“约法三章”，赢得人心。项羽分封天下时被封为汉王。后历经四年的楚汉战争，击败项羽，建立汉朝。

芈心（？ ~ 前 205 年） 战国末期楚怀王之孙。楚国灭亡后，隐匿民间为人牧羊。项梁起事后立其为楚怀王，以从民望。后与诸将约，先入关中者为王。刘邦先入关中后，项羽要其改变前约，遭拒绝。项羽因怀恨在心，先佯尊其为义帝，徙往湖南郴县，后暗中派人半路将其弑杀。